**JLA
図書館実践シリーズ** ········· ❾

公共図書館の
自己評価入門

神奈川県図書館協会
図書館評価特別委員会 編

日本図書館協会

**An introduction to self-evaluation
for public libraries**

公共図書館の自己評価入門 ／ 神奈川県図書館協会図書館評価特別委員会編. － 東京 ： 日本図書館協会, 2007. － 142p ; 19cm. － (JLA図書館実践シリーズ ; 9). － ISBN978-4-8204-0719-5

t1. コウキョウ　トショカン　ノ　ジコ　ヒョウカ　ニュウモン
a1. カナガワケン　トショカン　キョウカイ
s1. 図書館評価　s2. 図書館経営　① 013.5

まえがき

　2001（平成13）年7月，文部科学省告示「公立図書館の設置及び運営上の望ましい基準」が公布され，その総則の(3)で，公共図書館に対し「そのサービスについて，各々適切な「指標」を選定するとともに，これらに係る「数値目標」を設定し，その達成に向けて計画的にこれを行うよう努めなければならない」と求めていることもあり，公共図書館関係者の間で，近年，図書館の自己評価への関心が急激に高まっています。しかし，公布から6年を経過した現在でも，実際に自己評価に取り組んでいる公共図書館は多いとはいえません。その理由の一つに，実際に自己評価を行うにあたって，適当なマニュアルがないことが挙げられます。図書館の評価は，図書館・情報学分野の研究者が長年取り組んできた研究課題でもあり，優れた研究書や論文は多くありますが，これまで，図書館の職員が，現場の視点で執筆した実践的な案内書はありませんでした。

　神奈川県図書館協会（以下，「協会」）は，神奈川県内の公共・専門・大学図書館が加盟する組織です。協会は，「図書館の自己評価に関する調査研究を行い，図書館経営に資する」ことを目的とし，2005・2006年に「図書館評価特別委員会」を設置しました。この特別委員会は，加盟する図書館が，実際に自己評価を行うときに参考にできるような報告書を作成することを最終目的とし，2年間活動しました。そして，本年3月に『公共図書館における自己評価－図書館評価特別委員会報告書－』（以下，「報告書」）を発行するに至りました。

　本書は，この報告書が下敷きになっていますが，報告書では触れ

なかった統計について，慶應義塾大学文学部の岸田和明教授にご執筆いただきました．

本書は「Ⅰ部　評価の基礎編」「Ⅱ部　来館者調査実例編」「Ⅲ部　図書館員のための統計の基礎編」の3部から構成されています．Ⅰ部では，評価に関する基礎的な事項について解説し，実際に図書館評価を行っている公共図書館の例を提示しました．Ⅱ部では，評価を行う上で有効性が高く，かつ手をつけやすい利用者調査について解説し，実際に神奈川県の大和市立図書館で行った調査について，調査票の設計から実施，集計や分析について詳述しました．Ⅲ部では，来館者調査などの集計・分析にあたって必要な，統計の基礎的な事項について記述しました．

最後になりますが，本書の作成にあたりご尽力いただいた大和市立図書館の斎藤一夫館長，分担して執筆した委員会メンバーの皆様，調査にご協力いただいた大和市立図書館の職員やアンケートに回答してくださった利用者の皆様，そして図書館員のためにわかりやすく統計を解説してくださいという依頼に，快く応えてくださった慶應義塾大学の岸田和明教授に感謝の意を表します．

平成 19 年 10 月

　　執筆者代表
　　　神奈川県図書館協会図書館評価特別委員会委員
　　　　　　　　神奈川県立図書館
　　　　　　　　　　石原　眞理

目次

まえがき iii

I部 評価の基礎編 …………………………… 1

●1章● 公共図書館における評価 …………………………… 2

1.1 図書館サービスモデル 2
1.2 評価基準と目標 5
1.3 公共図書館の自己評価 6
1.4 行政評価と自己評価 10
1.5 公共図書館の評価の現状 13

●2章● 図書館サービスの測定および評価の方法 …………… 19

2.1 インプットとアウトプットの測定 19
2.2 アウトカムの測定 21
2.3 図書館パフォーマンス指標 23
2.4 外部の視点の重要性 25

●3章● 自己評価の実践例 …………………………………… 27

3.1 神奈川県立図書館 27
3.2 座間市立図書館 32

目次

Ⅱ部　来館者調査実例編 …………… 39

- ●1章●　調査の目的とねらい …………………………… 40
- ●2章●　調査票の設計 ………………………………… 42
- ●3章●　調査の概要 …………………………………… 49
- ●4章●　調査結果 ……………………………………… 51
  - 4.1　集計　　51
  - 4.2　分析　　57

Ⅲ部　図書館員のための統計の基礎編 …………… 79

図書館員のための統計の基礎 ……………………………… 80

1. 記述統計学と推測統計学　　80
2. 平均, 分散, 標準偏差, 中央値　　83
3. 分布とグラフ　　86
4. 確率と確率分布　　87
5. 推測統計学(1)：標準誤差　　89
6. 推測統計学(2)：信頼区間の推定　　92

- 7. 推測統計学(3)：仮説検定　96
- 8. データの分析法　100
- 9. 統計的な調査の実際　106
- 10. 図書館評価のための統計的調査　110
- 11. 数学的補足　115
- 12. MS Excelによる集計　124

参考資料－図書館評価の事例　127
- 1. 茨城県立図書館　127
- 2. 横浜市立図書館　132

主な参考文献　137

事項索引　139

●図表一覧

＜Ⅰ部・Ⅱ部＞

- 図1　図書館サービスモデル……3
- 図2　調査と評価の関係モデル……7
- 図3　マネジメント・サイクルと評価……9
- 図4　基本指標の例……30
- 図5　利用者の属性……51
- 図6　利用内容……52
- 図7　施設・資料に対する満足度……53
- 図8　サービスに対する満足度……54
- 図9　総合的な満足度……55
- 図10　アウトカム……56
- 図11　各グループの利用内容……63
- 図12　グループごとの施設・資料満足度……64
- 図13　グループごとのサービス満足度……64
- 図14　グループごとの総合的な満足度……66
- 図15　それぞれのグループのアウトカム……66

- 表1　図書館事業の評価：市町村（人口規模別）……14
- 表2　都道府県立図書館の図書館サービスの自己点検・評価の状況……15
- 表3　市区町村立図書館の図書館サービスの自己点検・評価の状況（人口規模別）……16
- 表4　市区町村立図書館の「数値目標」の達成状況等の自己点検・評価の状況（人口規模別）……16
- 表5　平成19年度神奈川県立図書館の数値目標……29
- 表6　「平成18年度神奈川県立図書館の自己評価」の目標と指標……29
- 表7　「サービス計画97」中の数値目標……34
- 表8　3回の満足度の状況……34
- 表9　クラスタ分析によるグループ化……59
- 表10　各グループの利用度平均値……59
- 表11　各グループと年代……61
- 表12　各グループと職業……62

表 13　各グループの特徴……63
表 14　利用内容とアウトカムの相関……68

<III部>
図 1　標準正規分布の棄却域（有意水準 5％）……98
図 2　蔵書回転率と借受件数の相関図……103
図 3　標準サイズごとの 95％信頼空間……114
図 4　Excel の例 (1)……124
図 5　Excel の例 (2)……125
図 6　Excel の例 (3)……126
図 7　Excel の例 (4)……126

表 1　度数分布の例：「例 3」の利用者満足度……86
表 2　第 1 種の過誤と第 2 種の過誤……100
表 3　貸出延べ冊数の分野別・学部別集計（例）……101
表 4　満足度と回答者属性との分割表……104
表 5　ISO 11620（2003 年版）で規定されている評価指標……111
表 6　母集団と標本における統計量……119

第 I 部

評価の基礎編

1章 公共図書館における評価

1.1 図書館サービスモデル

『図書館情報学用語辞典』によれば,図書館評価とは"図書館全般の活動ならびに運営の実体について点検ならびに測定し,その存在意義,機能の発揮状況,目標の達成具合などについて判断すること"[1]となっています。

評価に際しては,図書館の活動ならびに運営を点検あるいは測定しなければなりませんが,そのためには,まず,図書館サービスをどういうものとして認識するかを明確にしておく必要があります。図書館は,社会の中でどのような位置にあり,どのような構造の中でそのサービスが実施され提供されているのか,また,図書館の業務はどのように形成され関連しているのかということです。そして,測定・評価にあたっては,そのどの局面を測定し,それによって何を評価しようとするのかを明確にしておく必要があります。この点があいまいな場合,点検・測定しても,その結果が何を意味しているか明確にならず,的確な評価や業務の改善につながらない可能性があります。

図書館サービスの基本的な構造は,図1のようなモデルで説明することができます。

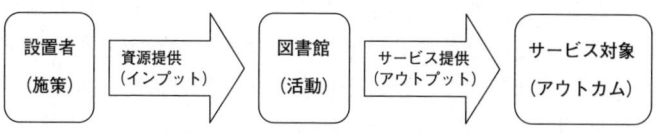

図1 図書館サービスモデル

　図書館には，図書館を設置しその資金を提供する設置者がいます。公立図書館の場合，設置者は地方自治体であり，それぞれ（多くの場合，選挙による住民の支持を得た）理念や基本方針を持ち，施策を展開しています。その施策の一つとして図書館を設置し，また図書館運営のための資源提供を行っているのです。

　設置者からの資源提供は，図書館からみればインプットです。インプットは資金の提供（予算）が主要でかつ典型的なものですが，人員，施設等の提供も含みます。法令等の運営上の制約も一種のインプットです。設置者からのインプット[2]を受けて図書館は活動を行います。資料を選択・収集し，整理し，利用者に提供する活動です。図書館の活動のうち，サービスを提供する活動は，利用者の図書館利用と重なります。

　図書館活動の結果，サービス対象にわたるものがアウトプットとなります。資料（貸出等）や情報（提供）などであり，また施設設備の利用，読書環境の提供などもアウトプットです。アウトプットは利用者とのかかわりの中で産出され，したがって，利用者の側から見るとそれは図書館の利用そのものとなります。

　最後に，アウトプット（利用）の結果，サービス対象に何らかの変化が生じます。その変化がアウトカムです。アウト

カムとしては,例えば,さまざまな本を読んで新しい知識が増えた,あるいはその結果として学業成績が向上した,仕事がうまくいった,などが考えられます。図書館の活動や利用の結果,生じる変化にはさまざまなレベルのものがあります。利用者個人に生じる変化もあるし,地域の文化的な水準の向上などサービス対象全体にかかわる変化もあります。また,利用者の知識や生活スタイルなどの次元の変化もあれば,利用者の図書館に対する認識の変化・向上という次元の変化もあります。

　設置者が図書館に期待しているのはこのアウトカムです。これらの変化を期待して,設置者は図書館を設置し,資源提供しているのです。

　図書館サービスの基本的な構造は,以上のようになると考えられますが,評価およびそのための測定にあたっては,これらの図書館業務のどの局面を対象とするかを明確にする必要があります。活動の規模を測定したいのか,設置者が図書館に投資しているインプットのレベルを測定したいのか,あるいは事業の効率(インプットとアウトプットの比率)を見たいのか,などです。さらに,それぞれの局面はモジュールに分解でき,その組み合わせによって構成されています。一部のモジュールに着目した測定および評価も当然存在します。

　測定する対象によって難易度は同じではありません。インプットおよびアウトプットの測定は比較的容易ですが,アウトカムの測定は非常に困難です。本来測りたい対象の測定が困難な場合,代理的に測定可能なものを選択するという方法もあります。

1.2 評価基準と目標

　前項の冒頭で引用した定義によれば，図書館評価の目的は「その存在意義，機能の発揮状況，目標の達成具合などについて判断すること」です。判断には，拠りどころとなる何らかの基準が必要であり，通常は，測定あるいは点検の結果を何かと比較しあるいは対照して判断します。

　自館の過去の測定結果と比較するというのが，最もよく行われる方法です。例えば貸出冊数が昨年度比110％であった，登録者が昨年から387人増えた，などです。自館の時系列データとの比較は，基準となるデータの入手が容易であり，かつ環境の違いを考える必要がない（あるいは，環境に変化が生じた場合，それを把握しやすい）ため，変化を捉えやすいという特長があります。

　他の図書館の実績を基準にする方法もよく使われます。図書館や自治体の規模が類似の図書館を基準にしたり，類似図書館の平均，あるいは上位値を基準にしたりすることが多いようです。目標となる事例を設定しそれと比較する方法は，ベンチマーキングと呼ばれる手法です。なお，他の図書館との比較は，置かれている環境が異なる可能性があるので，その点の注意が必要です。

　図書館運営の改善を目指して評価を行う場合は，過去や類似図書館との単なる比較ではなく，目標を立て，一定期間活動し，その目標との比較を行う手法をとるべきでしょう。Plan（計画）→ Do（実践）→ See（評価）サイクルの実践です。

　目標にも，相対的な目標と絶対的な目標があります。相対的な目標とは，昨年度比105％の貸出冊数を目指す，などで

あり，絶対的な目標とは，過半数の住民に図書館を利用してもらう，などです。質的な目標も想定できます。利用者の7割以上の人に図書館に満足と感じてもらう，などです。

1.3 公共図書館の自己評価

　行政現場に，民間企業における経営理念・手法，成功事例などを可能な限り導入する，いわゆる NPM（New Public Management）の流れもあり，行政の一部門である公共図書館においても，自己評価への関心が高まっています。2001（平成13）年7月の文部科学省告示「公立図書館の設置及び運営上の望ましい基準」（以下，「望ましい基準」）が施行され，その流れをさらに加速しました。「望ましい基準」では，総則3で公共図書館に「数値目標の設定」や「その達成度の評価」を求めていますが，具体的な方法を示していません。そのため，個々の図書館がそれぞれの方法で行っている現状があります。評価の明確な意義や目的を認識しないまま，やみくもに行っているような例もあり，結果を運営に十分に活かしていない図書館も見られるようです。

　本書では，「自己評価」を "設定された目標についてのある時点での自己の状態を明らかにした上で，一定期間後に達成(あるいは到達)した状態をある時点の状態と比較したり，目標値と比較して達成（到達）度を明らかにし，問題や課題を析出すること"[3] としたいと思います。

　評価には，自己評価の他に，外部評価や第三者評価があります。両者とも評価しようとする機関が自ら行うものではなく，機関の外部の評価者により行われるものです。外部評価

では、当事者（当該機関・施設など）が評価者を選ぶことが多く、第三者評価では、当事者以外のところで評価者を選ぶことが多いようです。また、公共図書館の設置母体である自治体が行政評価を行う中で、図書館に関する事業について行うものもあります。図書館の行政評価については、次項「行政評価と自己評価」で詳しく述べます。

図書館サービスに関する評価、測定、調査、業務統計などの関係を図2に示しました。定量的評価のうち、マクロなものは日常業務で収集される業務統計で概ねカバーできます。日常業務の中で行う業務報告などは定性的評価（質の評価）のための情報となります。業務統計・報告等で把握できないデータは、統計調査や実態調査を実施して得ることになります。定量的でミクロなものとして、相互貸借の所要日数調査等が挙げられます。定性的な評価をするための調査には、障害者サービスの実態を捉える調査などがあります。定量的な評価だけでなく、定性的な評価を組み合わせ、総合的に図書館の状況を捉えることが望ましいとされています。

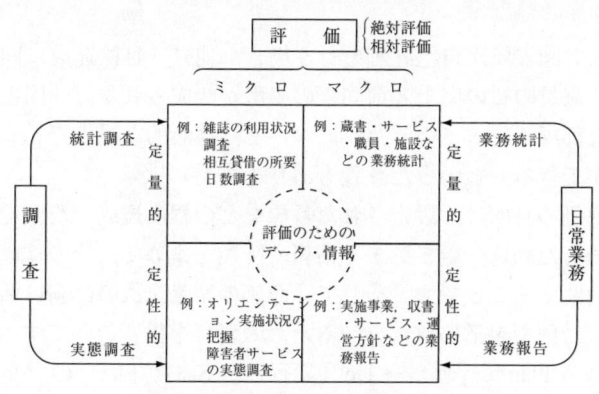

図2 調査と評価の関係モデル[4]

生涯学習関係の事業評価の意義としては，次の項目が挙げられます。[5] 図書館の評価も，これに準じると考えてよいでしょう。

①当該事業，単年度事業，中・長期計画の改善を図ることができる。
②行政機関，公的施設の無駄を省き，効率化を図ることができる。逆にいえば，効果のない事業，必要のない事業等については廃止を検討することになる。
③必要と判断できる事業については，財源確保の根拠資料にできる。
④目標，施策等のプライオリティをつける資料にすることができる。
⑤評価結果を公表することにより，説明責任[6]を果たすことができる。
⑥「管理」から「経営」へ転換させることにより，行政の革新を図ることができる。

公共図書館が自己評価を行う場合，他に「目標達成に向けて，職員の質の向上と前向きの姿勢が醸成される」，「図書館の各部課で行っている業務について，横断的な視点で見ることができる」といった意義もあります。

評価の目的は，設定された目標をどの程度達成したかを確かめるために，さまざまな情報や証拠を集めて，その達成度を判断することです。そして，評価の結果を次の計画に活かし，計画や事業の改善を図るための資料を得ることです。いわゆる Plan（計画）→ Do（実行）→ See（評価）のマネジ

メント・サイクルの実現です。マネジメント・サイクルとは，"始めにどれだけの資源がどこに配分され，どれだけの効率でどういった成果を上げているのか，という測定および評価を行い（SEE）→その結果を踏まえて，今後の資源の配分や達成すべき目標水準を設定し（PLAN）→目標達成に向けた活動を実行し（DO）→その効率と成果を目標に照らした形で測定・評価し（SEE）→さらにその結果を踏まえて，改善計画やより高い目標設定を行う（PLAN）というサイクルで業務のレベルアップを目指すものである。"[7]とされています。

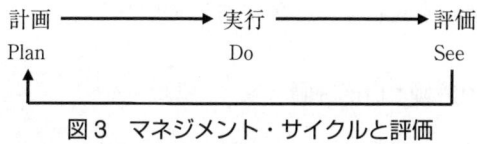

図3　マネジメント・サイクルと評価

文部科学省は，「文部科学省政策評価実施要領」[8]（平成13年3月15日文部科学大臣決定）を定め行政評価を行っていますが，その要領によれば，評価の目的は次の各項目となっています。

(1) 国民に対する行政の説明責任（アカウンタビリティ）の徹底
(2) 国民本位の効率的で質の高い行政の実現
(3) 国民的視点に立った成果重視の行政への転換

生涯学習関連の行政機関や施設での自己評価に関しては，本格的な評価法が開発されていません。[9]自己評価は，一般

1章　公共図書館における評価………9

的に"①目標・計画の目指す状態についてのモデルの設定，②目標・計画の目指す状態についての自己の現在の水準の評価，③モデルと自己の現在の水準との差の評価"[10]，という手順で行われますが，①ではモデルの設定がむずかしく，②，③では評価の客観性を確保することができないという難点があります。②，③で評価の客観性を確保するために，定量的な評価をすることが考えられますが，図書館の活動を評価するためには，質を評価することも必要です。以上のように，自己評価には困難性がありますが，それぞれの図書館がその図書館の運営方針に基づいた目標や計画を立て，それぞれに合った評価法を選択する必要があるでしょう。

1.4 行政評価と自己評価

公共図書館の現場で実際に行われている評価としては，「望ましい基準」に基づく「自己評価」のほか，各自治体が実施している「行政評価」（事務事業評価，政策評価など）において，図書館が対象となって行われる評価があります。行政評価の普及の進展に伴い，行政評価による図書館評価も広く実施されているという実態があり，「図書館評価の現状」を把握する上で無視できない存在となっています。本項では，行政評価による図書館評価の実態と，「望ましい基準」に基づく自己評価との相違点を述べます。

(1) 行政評価の経過と現状

「行政評価」とは，"行政機関の活動を何らかの統一的な視点と手段によって客観的に評価し，その評価結果を行政運営

に反映させること"[11]と定義されています。一般に，行政機関の活動については，「政策」「施策」「事務事業」という構造で示されることが多く，行政評価についても，その各段階での評価として「政策評価」「施策評価」「事務事業評価」が存在します。

　わが国における本格的な行政評価は，1996年に三重県で導入された事務事業評価システムがその端緒とされており，今日までまだ10年程度が経過したにすぎませんが，この間の普及には目覚ましいものがあります。その背景としては，まず国レベルの動きとして，2001年に発足した新府省において政策評価が義務づけられ，さらに同年，「行政機関が行う政策の評価に関する法律」が制定されたことが挙げられます。一方，地方公共団体レベルの動きとしては，財政事情の悪化を背景とした地方行政改革の動きの中で，地方分権・情報公開の積極的な推進，特に住民に対する説明責任の必要性が重要視されるようになったことが，行政評価手法による客観的な評価とその結果の公開の普及に結びついていると言えます。前述の三重県を始め，静岡県や滋賀県長浜市などの先行事例が，他の自治体に与えた影響も無視できません。

　2006年1月1日現在での，地方公共団体における行政評価の取組状況が総務省ホームページで公表されています。[12]これによると，全国で599自治体において行政評価が導入されており，このうち市区での導入率は50％を超えています。また導入済みの自治体のうち60％以上の366自治体において，すべての事務事業が評価対象とされています。「すべての事務事業」の中には，設置されていれば当然図書館も含まれることになり，全国で350から400近い数の自治体で，行

政評価による図書館評価が行われていると推察されます。

(2) 行政評価による図書館評価の特徴

　行政評価の実際の手法は，各自治体によってさまざまですが，一般的には「インプット(投入)」「アウトプット(結果)」「アウトカム(成果)」の各指標について，できるだけ客観的な指標，つまり，何らかの数値を示し，事業や政策の有効性，効率性などを評価し，その事業や政策の必要性や優先度を検証するという手法がとられます。

　行政評価による図書館評価についての既往研究としては，桑原芳哉[13]および国立教育政策研究所社会教育実践研究センター[14]によるものがあります。いずれも，自治体における実際の評価事例を分析し，特にそこで採用されている指標について考察を試みています。両研究において共通して述べられていることとして，事業に対する指標の適切性およびアウトカム指標の妥当性という点が挙げられます。

　行政評価，特に事務事業評価として図書館評価を行う場合に，「事業」をどのように設定するかが，各自治体によりまちまちであることが，特徴の一つと考えられます。自治体により，「図書館事業」として図書館を一つの事業とする事例もある一方で，図書館の各種サービスをそれぞれ「事業」と設定し，結果として図書館について十数個の「事業」に分けて評価を行っている事例もあります。また，同じ数値が，ある評価では「インプット指標」として採用され，別の評価では「アウトプット指標」「アウトカム指標」として採用される，という例もあります。具体的には，「蔵書冊数」という指標が，「利用者サービス」という事業においては「インプット指標」

として，一方「資料収集」という事業においては「アウトプット指標」または「アウトカム指標」として採用される，というものです。

(3) 行政評価による図書館評価と「望ましい基準」に基づく自己評価の相違点

行政評価も，評価主体は基本的に事業所管部署であり，その点では「自己評価」です。また近年の行政評価においては，「目標」の設定が行われている事例が多く，この点も「望ましい基準」に基づく自己評価において，数値目標の設定を求めている点と共通しています。

「望ましい基準」に基づく自己評価の現状の詳細については次項以降に譲りますが，その実態を行政評価と比較すると，概して「実績報告」の域を出ないものが多いこと，「アウトカム指標」のような「成果」または「効果」に関する指標の採用が少ないこと，事業の「有効性」「効率性」「優先度」といった視点での分析が行われていないといった相違点が挙げられます。今後の自己評価においては，行政評価におけるこのような手法および視点を参考として，単なる実績報告に留まらない「評価」として位置づけることが求められています。

1.5 公共図書館の評価の現状

2001年7月の「望ましい基準」施行以後，多くの公共図書館が自己評価に取り組むようになりました。実施状況についての悉皆的な全国的調査は多くはありませんが，国立教育政策研究所社会教育実践研究センター（以下，「社研」）が

2003年に行った調査[15]と,福岡県立図書館が2005年に行った調査があります。

社研は,「望ましい基準」の施行後2年が経過した2003年秋(10月31日から11月21日)に,「望ましい基準」が求めている各項目について,どこまで達成されたかを把握するために,都道府県および市区町村の教育委員会と都道府県立および市区町村立の図書館に対して実態調査を行いました。教育委員会に対しては事業評価として図書館事業を取り上げているかを尋ね,図書館に対しては自己評価を策定し公表しているか,等について尋ねています。

都道府県で図書館事業を行政評価の対象としていると回答した自治体は,32(回答した46自治体の69.5%)でした。市町村の評価状況については,表1のようになっています。政令市では100%,人口10万人以上の市では9割以上の自治体が図書館事業を行政評価の対象としていることがわかりま

表1 図書館事業の評価:市町村(人口規模別)

	政令市	30万人以上	10〜30万人	5〜10万人	5万人未満	町	村	特別区
全体	9 100.0%	22 100.0%	45 100.0%	38 100.0%	26 100.0%	49 100.0%	3 100.0%	9 100.0%
いる	9 100.0%	20 90.9%	43 95.6%	32 84.2%	17 65.4%	36 73.5%	2 66.7%	8 88.9%
いない	0 0.0%	2 9.1%	2 4.4%	5 13.2%	9 34.6%	13 26.5%	1 33.3%	1 11.1%
不明	0 0.0%	0 0.0%	0 0.0%	1 2.6%	0 0.0%	0 0.0%	0 0.0%	0 0.0%

出典:「図書館および図書館司書の実態に関する調査研究報告書」p.18
＊図書館設置の769市区町村のうち,事業評価シートを作成していると回答した201自治体を対象としている。

表2 都道府県立図書館の図書館サービスの自己点検・評価の状況

	図書館サービスの点検・評価（母数46）	「数値目標」の達成状況等の点検・評価（母数12）	図書館協議会への報告（母数12）	自己点検・評価の結果の公表（母数12）
している	12 26.1%	9 75.0%	4 33.3%	7 58.3%
していない	34 73.9%	3 25.0%	8 66.7%	5 41.7%

出典：「図書館および図書館司書の実態に関する調査研究報告書」p.36の記述を基に作成

す。人口5万人未満の市および町村は，概して低い割合を示しています。

　都道府県立図書館への自己評価の状況に関する調査結果を表2に示しました。回答のあった46館のうち，自己点検・評価をしていると回答したのは，12館でした。数値目標の達成状況等の点検・評価をしていると答えたのは9館，図書館協議会への報告をしていると回答したのは4館，結果を公表していると答えたのは7館でした。図書館サービスの自己点検・評価をしている館が26.1%，結果を公表しているのはその58.3%という数字は，決して多いとは言えないでしょう。

　調査に回答した1,173市区町村の図書館サービスの自己点検・評価の状況をまとめたのが，表3および表4です。図書館サービスの自己点検・評価を実施していると回答した自治体は，政令市で61.5%と6割を上回っていますが，それ以外の市区町村では5割未満です。市区町村全体では335館，28.6%の図書館が実施していると回答しました。自己点検・評価を行っている図書館335館のうち，「数値目標」を設定して行っていると回答した図書館は，221館，66.0%でした。

表3 市区町村立図書館の図書館サービスの自己点検・評価の状況（人口規模別）

	政令市	30万人以上	10～30万人	5～10万人	5万人未満	町	村	特別区
全 体	13 100.0%	41 100.0%	121 100.0%	172 100.0%	143 100.0%	612 100.0%	52 100.0%	19 100.0%
い る	8 61.5%	18 43.9%	45 37.2%	48 27.9%	37 25.9%	166 27.1%	6 11.5%	7 36.8%
いない	5 38.5%	23 56.1%	76 62.8%	124 72.1%	106 74.1%	445 72.7%	46 88.5%	12 63.2%
不 明	0 0.0%	0 0.0%	0 0.0%	0 0.0%	0 0.0%	1 0.2%	0 0.0%	0 0.0%

出典：「図書館および図書館司書の実態に関する調査研究報告書」p.37

表4 市区町村立図書館の「数値目標」の達成状況等の自己点検・評価の状況（人口規模別）

	政令市	30万人以上	10～30万人	5～10万人	5万人未満	町	村	特別区
全 体	8 100.0%	18 100.0%	45 100.0%	48 100.0%	37 100.0%	166 100.0%	6 100.0%	7 100.0%
い る	7 87.5%	13 72.2%	31 68.9%	36 75.0%	28 75.7%	100 60.2%	2 33.3%	4 57.1%
いない	1 12.5%	5 27.8%	12 26.7%	10 20.8%	8 21.6%	60 36.1%	4 66.7%	3 42.9%
不 明	0 0.0%	0 0.0%	2 4.4%	2 4.2%	1 2.7%	6 3.6%	0 0.0%	0 0.0%

出典：「図書館および図書館司書の実態に関する調査研究報告書」p.38

　福岡県立図書館は都道府県立図書館の中心館を対象として，2005年9月に調査を行いました。図書館サービスと図書館運営のそれぞれについて，「指標及び数値目標」と「評価基準」の設定の有無を尋ねています。図書館サービスにつ

いて，指標および数値目標を設定している館は18館，評価基準を定めている館は，そのうち6館です。図書館運営について指標および数値目標を設定している館は13館，評価基準を定めている館は，そのうち5館です。この調査では，毎年策定しているかどうかについては聞いていないため，過去に一度でも策定したことのある図書館は，あると答えています。ホームページで公開していると回答した図書館は4館ありましたが，実際に確認できたのは，茨城と神奈川の2館だけでした。2005年9月当時「策定中」「検討中」と回答した埼玉と愛知は，現在ホームページで公開しています（2007年8月17日現在）。2003年秋の社研調査では，自己点検・評価を実施していると答えた都道府県立図書館は12館でしたが，2年を経過した2005年9月，何らかの形で評価を実施している図書館は20館となっており，少しずつ浸透しているといえるでしょう。

注
1) 日本図書館学会用語辞典編集委員会編．図書館情報学用語辞典．東京，丸善，1997，244p.
2) 公立図書館のインプットは設置者によってもたらされるのが原則ですが，部分的には利用者，関係者からもたらされる場合があります。受益者負担の使用料など。
3) 山本恒夫ほか編．生涯学習「自己点検・評価」ハンドブック：行政機関・施設における評価技法の開発と展開．東京，文憲堂，2004，p.2.
4) 糸賀雅児．"サービスの測定と評価"．図書館情報学ハンドブック．第2版．東京，丸善，1999，p.693.
5) 前掲3). p.10-11.
6) 説明責任（accountability：アカウンタビリティ）は，行政機関

や公共施設,企業などが透明性を維持して社会の了解や支持を得るために,事業や活動,運営等について説明する義務や責任のこと。
7) 荻原幸子. "ニュー・パブリック・マネジメント論と公共図書館経営論". 図書館の経営評価. 東京,勉誠出版,2003,p.15.
8) 文部科学省政策評価実施要領
http://www.mext.go.jp/b_menu/houdou/13/03/010315b.htm［最終確認日 2007-02-11］
9) 前掲 3). p.4.
10) 同上
11) 小野達也,田渕雪子. 行政評価ハンドブック. 東京,東洋経済新報社,2001,p.5.
12) 総務省. 地方公共団体における行政評価の取組状況（平成 18 年 1 月 1 日現在）.
http://www.soumu.go.jp/click/jyokyo_20060101.html［最終確認日 2007-02-11］.
13) 桑原芳哉.「行政評価システム」による公立図書館の評価に関する考察. 現代の図書館. Vol.41, No.1, 2003, p.3-14.
14) 国立教育政策研究所社会教育実践研究センター編. 図書館に関する事務事業評価の実態－都道府県立図書館を中心に－. 東京,国立教育政策研究所社会教育実践研究センター,2005,24p,（図書館及び図書館司書の実態に関する調査研究報告書　2).
15) 国立教育政策研究所社会教育実践研究センター編. 図書館及び図書館司書の実態に関する調査研究報告書：日本の図書館はどこまで「望ましい基準」に近づいたか. 東京,国立教育政策研究所社会教育実践研究センター,2004,p.121. 報告書は,下記 URL でも公開しています。
http://www.nier.go.jp/homepage/syakai/chosa/houkokusyomokuji.htm［最終確認日 2007-02-11］

2章 図書館サービスの測定および評価の方法

2.1 インプットとアウトプットの測定

　図書館という事業に投ぜられるインプット量および事業が生み出したアウトプットの量は，図書館の規模や活動状況を示す数値であり，図書館評価における基本的な測定対象です。

　インプットは，基本的に設置者から図書館に投ぜられる資源です。その量は設置者の図書館に対する姿勢に関連しており，その内容は，図書館についての考え方や運営方法を反映しています。

　インプットの指標としては，通常，図書館予算や職員数（規模，内訳）などが挙げられます。主要なものとしては，図書館運営費の総額および資料費（図書，逐次刊行物，視聴覚資料，電子情報源），事務経費，人件費の内訳，また，職員数では，総数と司書の数，正職員と非常勤・派遣職員の数などがあります。毎年の予算だけでなく，その累積である蔵書量や図書館施設規模なども一種のインプット指標です。

　他の図書館と比較する場合，自治体規模の影響を排除するため，サービス対象人数で除した1人当たりの数値にすることが多いようです。例えば，住民1人当たりの資料費額などです。この数字が小さくなりすぎる場合は，逆にサービス対

象人口を除す場合もあります。例えば職員1人当たりの人口などです。

　図書の受入数や雑誌の受入種数は，インプットの指標であると同時に，図書館の活動量を表す指標でもあります。図書の受入数によって，発注・受入れの事務量，図書の整理等の業務量が増加すると考えられるからです。

　アウトプットの測定は，図書館がどれほど利用されたかを測るものです。主なアウトプットの指標としては，図書館登録者数，入館者数，貸出冊数，レファレンス・サービスの件数，お話会の参加者数などがあります。これは，図書館利用の量を表す指標であると同時に，利用にかかわる図書館活動の量を表す指標でもあります。アウトプットの指標も，他の図書館と比較する場合，サービス対象の規模による変動を排除するためにサービス対象人口で除した，1人当たりの数値にすることが多いようです。登録率，住民1人当たり年間貸出数などです。ただし，1人当たりの数値にしても環境の違いによる変動をすべて排除できるわけではありません（例えば人口構成の違いなどは残る）。他の図書館との比較の際は，その点での十分な配慮が必要です。

　アウトプットは，図書館の利用の量およびそれにかかわる図書館の活動量を表しますが，それにどのような価値があるのかは表しません。例えば，図書館からの貸出図書数が多いことは，図書館から本を借りるという行為を価値があると認識する立場から見ればよいことですが，そうではない（例えば，「図書館からベストセラーが大量に借り出されるのは著者・出版社の経済的利益からみると問題がある」という）立場から見ると，意味がないか，むしろよくないことと認識さ

れます。アウトプットは，あくまでも利用の量，利用にかかわる図書館活動の量を示すだけであり，その意味を示すことができるのは，次のアウトカムによる評価です。

2.2 アウトカムの測定

アウトカムは，図書館を利用した結果生じた利用者の変化です。設置者は，施策の一環として，何らかの効果を求めて図書館に投資しますが，その効果とは，図書館利用のアウトカム，すなわち，それによって生じる利用者あるいは利用者コミュニティの変化です。設置の趣旨に沿った変化が生じていれば，その図書館は目的，役割を果たしていることになり，そうでなければ，図書館の価値は証明されないということになります。図書館のアウトカム測定は，図書館が期待された使命や役割を果たしているか，目的を達成しているかどうかを示すことを目指すものです。

アウトカムは，図書館に生じるものではなく，サービス対象に生じるものです。しかも多くの場合，利用者の内面に生じ外からの観察によっては，認識・把握することができません。このことがアウトカムの測定を難しいものにしています。

利用の結果生じる変化には，さまざまなレベルのものがあります。全米評価学会の元会長であり，著名な事業評価コンサルタントであるマイケル・クイン・パットンは，プログラムのアウトカムとして
・反応（利用者の満足，関心など）
・知識，態度，スキルの変化
・実践および行動の変化

・最終的な結果(究極の目標,社会的経済的な結果)[1]
の4階層を示しています。これは,主に講習会などを意識した指摘ですが,図書館サービスも同様です。このように図書館の利用に近い時点での変化もあれば,時間的にも内容的にも図書館利用とは距離が遠い変化もあります。一般的に,図書館から遠い変化の方が,図書館利用と変化の関係を把握・測定しにくくなっています。

　変化の内容には,意図し期待したものがある一方,意図しなかったもの,中には,不本意な変化もありえます。アウトカム評価は,これらの変化のすべてを測定しようとするものではありません。図書館評価のためのアウトカム測定は,利用の結果生じた変化のうち,特定の,期待しかつ測定可能な変化に焦点をあてて行います。

　アウトカムの測定で最もよく行われている手法は,利用者の満足度を測定する方法です。これは,図書館で今までもよく行われていた利用者アンケートと同様の方法で実施できます。質問紙により,図書館をどのように利用しているかを問うと同時に,図書館利用にどの程度満足しているかを問うものです。アウトカムに焦点をあてて満足度を尋ねる場合は,資料やサービスに対する直接的な満足度だけでなく,図書館利用全体に対して,あるいは図書館を利用した結果に満足しているかどうかを尋ねるようにする必要があります。

　アメリカの大学図書館で実施されているアウトカム測定の方法として,学生の情報リテラシー獲得に焦点をあてたものがあります。アメリカの大学では,情報リテラシー教育に図書館がかかわっていることが多く,図書館の関与(情報の探し方等の教育実施)と学生の情報リテラシー獲得の関係をテ

ストなどの方法で測定することによって，大学教育への図書館の貢献を測定し評価しようという試みです。公共図書館においても，図書館利用教育，情報探しのためのプログラム等を提供している場合は，同じ方法でその面でのアウトカムを測定できます。

図書館を利用した結果，利用者にどのようなメリットがあったかを直接利用者に尋ねるという方法も考えられます。利用者アンケートの方法で，利用者に，探していた情報や知識を知ることができたかどうか，学業や仕事上のメリットがあったかどうかなどを尋ねる方法です。

神奈川県図書館協会図書館評価特別委員会では，今回，この方法で利用者のアウトカムを把握・測定する試みを実施しました。その概要および結果は第Ⅱ部に書かれているのでご参照ください。

2.3 図書館パフォーマンス指標

図書館パフォーマンス指標とは，図書館のさまざまな機能や性能に着目し，それぞれの機能や性能の状況や効率，効果を測定するための指標です。従来の図書館統計が，インプット，アウトプットなどのあるがままの量，外形的な量を測定・把握するのに対し，パフォーマンス指標は，特定の機能や性能を把握するために適切に加工された数値，あるいは計算式を指します。

例えば，利用者のために用意された資料が図書館にどの程度あるか，これは，図書館統計の蔵書数によって示すことができます。しかし，利用者が図書館に行ったときに，実際に

どの程度の資料が即座に利用可能か，これは図書館統計，インプットの測定では示すことができません。しかし，利用者から見た図書館の機能としては重要です。この機能について，図書館パフォーマンス指標は，「タイトル利用可能性」という指標を用意しています。これは，蔵書中，貸出，整理，製本あるいは盗難などにより利用できない資料を除いた，即座に利用できる資料の率のことです。算出のための方法として，蔵書から無作為抽出のサンプルを作り利用可能かどうかをチェックし算出する方法と，コンピュータによる資料管理システムによって計算する方法の2種類が提示されています。このように，図書館の特定の機能や性能を測定するための指標を，図書館パフォーマンス指標といいます。

このような図書館の特定の機能や性能を測定するための指標であれば，すべて図書館パフォーマンス指標ということができますが，通常，「図書館パフォーマンス指標」と呼ばれているものは，国際標準化機構（ISO）で規格化（ISO 11620）され，それを受けて国内規格としてJIS化（JIS X 0812）された一連の指標です。これは，パフォーマンス指標の使用を推奨し，ISOでの数年間の検討を経てその実施方法に関する知識を広めることおよび測定方法の標準化を主な目的として，1998年に規格化されたものです。図書館活動全般から資料の提供，資料整理，設備まで，図書館業務・サービスの各機能の状況を測定する29の指標について，その目的，指標の定義，算出方法などが定義されています。指標の具体的な内容は，138ページの参考文献を参照してください。

なお，ISOは，2003年にISO 11620の修正版を発行しています。これは初版制定時には十分な情報がなかったいくつか

の指標を追加したもので,追加された項目は「利用されない資料の所蔵率」など5指標です[2]。この修正版については,現在のところ国内規格化はされていません。

　これらのパフォーマンス指標の中には,日常業務の中で収集している図書館統計の数値を使って算出可能なもの(例えば「蔵書回転率」),あるいは,蔵書や貸出管理をしている図書館業務システムのデータを活用することによって算出可能なもの(例えば「人口当たり貸出中資料数」)もありますが,改めて測定しなければならないもの,あるいは利用者調査を行わなければならないものも多くあります。そのような項目については,目的意識をもって,運営改善のための取り組みとして実施する必要があるでしょう。

　このパフォーマンス指標は,すべての指標を一斉に使用して図書館全体を測定するというようなことを想定しているわけではありません。必要に応じ,リストアップされた指標の中から自館に適切だと思われる指標を選択し,実施することが求められています。"それほどうまく機能しているとはいえない活動や分野がある"とき"本当に問題があるかどうかを知るためにパフォーマンス指標を使用する"[3]ことが推奨されています。

2.4 外部の視点の重要性

　図書館の評価は,図書館がいかにその役割を果たし目的を達成しているかを説明すると同時に,現状を把握し運営の改善を図るために実施するものです。アカウンタビリティと運営改善の両方の目的を達成するためには,運営者側からの見

方のみを反映した一面的なものであってはなりません。ユーザーから，あるいは設置者からみて図書館がどのように見えているのか，外部からの視点を踏まえた評価が求められます。図書館運営者以外から見た図書館の姿が捉えられるような手法を選択したり，あるいは測定結果の解釈に際してさまざまなステーク・ホルダーの関与を求めたりすることが必要です。

注
1) Patton, Michael Quinn. Utilization-Focused Evaluation 3rd ed. 1996, 234p.
2) 徳原直子．図書館評価－パフォーマンス指標と統計．情報の科学と技術，Vol.56 No.7，2006, p.323-330.
3) 図書館パフォーマンス指標　5.2.4

3章 自己評価の実践例

　実際に評価を行っている図書館の事例のうち，神奈川県立図書館と座間市立図書館の事例を紹介します。

3.1 神奈川県立図書館

　2001（平成13）年7月の文部科学省告示「望ましい基準」を受け，平成14年度から自己評価に取り組んでいます。[1] これまでに平成13年版～18年版を作成しました。現在は，館内各課の代表により構成されている「神奈川県立図書館評価会議」が作成しています。同じ神奈川県立の図書館である川崎図書館と歩調を合わせ，これまでほぼ同じ時期に評価・数値目標を策定・公表してきました。平成15年版からはホームページで公表していますが，[2] 平成17年度以降は数値目標を設定して，同様に公表しています。[3]

　当館の評価には下記のような特徴があります。

① 「数値目標の設定」「自己評価」「利用者調査」から成り立っていること。
② 自己評価の指標と数値目標の項目がリンクしていること。
③ 自己評価の指標をアウトプットの7項目に絞り，総ページ数が6ページと簡略なものにしていること。

④自己評価の各指標に「改善点」が付されていること。

　平成17年度からは数値目標を策定し，ホームページで公表しています。平成19年度は，当館の運営方針やPRしたい点等を考慮し，「入館者数」等7項目を選定しました（表5参照）。項目ごとの目標数値は，前年度までの実績や当該年度の計画等を勘案し，設定しました。

　平成18年度は年度当初に数値目標を定め，その達成度を評価しました。目標と基本指標を表6に示しています。目標(1)には関連参考項目として「神奈川県関係文献情報（K文献）及び伝記資料索引等の作成・提供」，目標(2)には「高校・大学との連携及び行政支援の実施状況」を付しました。基本指標の各項目は，「平成18年度実績・数値目標・達成率・評価」「定義」「評価の観点」「定性評価」「改善点」の各項目から構成されています（図4に基本指標4の例を示しています）。評価はAからDの4段階としました。原則として数値目標の達成率で判断していますが，定性評価等も加味しました。AからDの各レベルは，次のとおりです。

　A　数値目標を達成し，高いレベルで活動が展開されている。（達成率：100％以上）
　B　数値目標をほぼ達成し，標準的なレベルで活動が展開されている。（達成率：概ね90％以上）
　C　数値目標を達成していないが，標準的なレベルでの活動は展開されている。（達成率：概ね80％以上）
　D　標準的なレベルに達していない。（達成率：概ね80％未満）

表5　平成19年度神奈川県立図書館の数値目標

目標項目		数値目標	対18年度比
目標 (1) 付加価値の高い情報発信	レファレンス・サービス件数	21,000件	5％増
	集会活動　講座等開催回数	70回	10％増
	集会活動　参加者数	1,600人	10％増
	職員研究活動及び成果発信件数	85件	事業部門職員1人当たり年間1～3件講師または執筆
目標 (2) ネットワークのセンター的機能の強化	市町村立図書館職員等研修参加者数	220人	2％増
目標 (3) 資料・情報の提供サービスの充実	入館者数	240,000人	2％増
	複写サービス枚数	246,000枚	5％増
	資料貸出数	259,000点	5％増
	（うち、個人貸出数）	154,000点	5％増
	（うち、図書館等への貸出数）	105,000点	5％増
	ホームページ総アクセス数	1,330,000件	10％増
	OPACアクセス数	662,000件	10％増

表6　「平成18年度神奈川県立図書館の自己評価」の目標と指標

目標1　付加価値の高い情報発信
基本指標1　レファレンス・サービス総件数 基本指標2　集会活動の講座等開催回数及び参加者数 基本指標3　職員研究活動及び成果発信件数 　付：神奈川県関係文献情報（K文献）及び伝記資料索引等の作成・提供
目標2　ネットワークのセンター的機能の強化
基本指標4　市町村立図書館職員等対象の研修参加人数 　付：高校・大学との連携及び行政支援の実施状況
目標3　資料・情報の提供サービスの充実
基本指標5　入館者数及び文献複写枚数 基本指標6　資料貸出数 基本指標7　ホームページへのアクセス数及びOPACアクセス数

基本指標4　市町村立図書館職員等対象の研修参加人数

	平成18年度実績	数値目標	達成率	評価
研修参加人数	219人	140人	156.4%	A

定義　県立図書館が主催する市町村立図書館職員等対象の研修への参加人数。
評価の観点　平成18年度は、17年度並みの参加人数を目標としたが、17年度より71人増加し、達成率が156.4%となったため、A評価とした。
定性評価
○年度当初に年間計画を立て、研修の開催日を年度の早い時期に設定した。例年、年度末は各市町村立図書館の業務が多忙になり、出張旅費の執行も難しくなることもあり、出席者が少なかったが、12月初めまでに開催したため、参加者数が増加した。また、開催通知を早めに送付したことも、参加者が増加した理由だと考えられる。
改善点　・司書以外の職員や、非常勤職員の割合が増えているので、必要性の高い基礎研修の内容を更に充実させる。
・県立図書館から遠い市町村立図書館職員の参加を得やすくするため、県立図書館以外でも研修を行う。
・研修に参加できない職員のため、研修内容のシラバスや梗概を公表する。

図4　基本指標の例

平成16年度には「来館者調査」と「県政モニターによるアンケート」[4),5)]を実施しました。来館者調査の事例は比較的多いのですが、非利用者に対する調査は多くはありません。当館では,「なぜ図書館を利用しないのか」を尋ねるために「県政モニターによるアンケート」を実施しました。

県政モニター・ミニアンケート「県立の図書館の利用について」は、費用のかかる「住民調査」に代わるものとして実施しました。これは、県民の中から無作為に抽出した方々よりも、県政に関心を持ち、かつアンケートに協力的である方々を対象としている、といった事情を承知した上で行いました。2004年5月下旬から6月2日にかけて、郵送および電子メールを利用して行いましたが、図書館を利用しない理由や県立の図書館の資料やサービスに対する満足度、県立の図書館

に期待するものについて尋ねました。

　来館者アンケート「神奈川県立図書館の利用について」は，2004年9月の平日・土・祝日を含む3日間実施しました。質問は，県政モニター・ミニアンケートと比較するため，ほぼ同じ内容としました。この調査のポイントは，利用者の期待度と満足度の両方を聞くことにありました。当館の資料や施設等に対する期待度と満足度を1（小さい）から5（大きい）の5段階で答えていただき，その平均値を各項目の得点としました。期待度が最も高いのは「図書」でしたが，期待度3.84に対して，満足度は3.16と低い値を示しました。資料費が削減されているために，利用者の期待に十分添い得ていない状況が明らかになりました。逆に，「職員の対応」は，期待度3.82に対して，満足度が4.07と，満足度の方が高くなりました。

　自己評価を実施することにより，目標達成に向けて，職員の質の向上と前向きの姿勢が醸成されてきたようです。また，県立図書館の各部課で行っている業務について，横断的な視点で見ることができるようになりました。例えば，貸出数についても来館者による直接貸出と，市町村立図書館経由の貸出数とを合計し，「資料貸出数（個人及び図書館への貸出数）」と考えます。エンドユーザーはどちらも「県民」と考えたからです。また，それぞれの担当部署で行っていた公開講座や講習会等を，要綱を定め，組織も明確にし，全館で一体的に企画・実施することにしました。

　都道府県立図書館の活動を評価することは容易ではありません。課題解決型のリサーチ・ライブラリーであり，県域における図書館の中核拠点としての役割を担う当館では，市町

村立図書館を対象とした指標を適用するわけにはいきません。当館がアピールしようとするレファレンス・サービスについては，質の評価が難しいことはもちろんですが，受付件数といった量的な評価についても，統計の基準が館により異なっているために，他館との比較が難しいといった問題があります。都道府県立図書館の重要な役割である協力事業については，協力貸出，協力レファレンス，市町村立図書館職員研修，複数の業務を総合的に評価する必要があります。

　さまざまな課題がありますが，今後も，効果的な評価の方法を探りながら，実績を積み重ねていくことが必要だと考えています。

（石原眞理：神奈川県立図書館）

3.2 座間市立図書館

（1）　数値による評価

　1993年以降座間市立図書館（以下，当館）では，「同規模自治体の比較」と称した統計資料を作成しています。これは，座間市（以下，当市）の人口を中心に前後3万人程度の幅内にある自治体を人口的にほぼ同規模とみなし，比較を行うものです。この比較はその後ランキングも加え，現在に至っています。

　これとは別に「神奈川県内各自治体の図書館活動の比較」という資料も作成しています。これは神奈川県内の自治体の統計を使って県内の状況を知るために作成するものです。こちらも基本的には項目ごとにランキングする手法で表されており，神奈川県内における自館の状況が一目でわかる資料と

なっています。

(2) サービス計画の策定

　当館では前記のような数値による評価を経て1997年に「座間市立図書館サービス計画」（以下，「サービス計画97」）を策定しました。

　「サービス計画97」策定に至る経過を簡単に振り返ると，まず1996年2月図書館協議会におけるある委員の発言「座間市立図書館に目標はあるのですか？」をきっかけに検討を開始し，1996年8月「座間市立図書館の目標」（以下，「目標」）を策定し図書館協議会で承認されました。その後引き続き検討を重ね，1997（平成9）年2月「サービス計画97」の策定に至り，「サービス計画97」は図書館協議会で承認されました。

　「サービス計画97」策定の事前作業として，統計の分析（「同規模自治体の比較」「神奈川県内各自治体の図書館活動の比較」および当館の経年変化），各種基準の調査，座間市の市民意識調査（1988（昭和63）年の調査），雑誌の利用調査，レファレンス記録の調査などを行いました。

　「サービス計画97」の構成は，各項目について「1. 基本的考え方」「2. 当面する課題（2～3年で達成）」「3. 中期的課題（4～6年で達成）」「4. 長期的課題（8～10年で達成）」「5. 日常的に工夫すること」という形で統一されており，内容ごとの達成状況が一目でわかるようにしました。

　内容から見ると，大きな柱は「1. 資料提供」「2. 全域サービス」「3. 児童サービス」「4. 市民とともに創る図書館」「5. 図書館運営の合理化と課題の推進」の5本になっています。これは「目標」と呼応している1～4と，計画推進の

ために必要と思われる「図書館運営の合理化と課題の推進」を加えたものです。

「サービス計画97」中の数値目標は，表7のとおりです。

表7 「サービス計画97」中の数値目標

項目	当面する課題	中期的課題	長期的課題
市民1人当りの貸出数	6冊	7冊	8冊
資料費	基準の50%	基準の60%	基準の70%
雑誌	300タイトル	350タイトル	400タイトル

＊資料費の基準とは「公立図書館の設置及び運営に関する基準」(平成4年)(文部省生涯学習局長通知)にある目標数値を指します。

(3) 「図書館満足度調査」

当館では，これまで「図書館満足度調査」を2002年，2003年，2005年の3回実施しました。その結果の詳細については『現代の図書館』に報告しています。[6]

3回の満足度調査からわかったことは，まず貸出数と比べ，設定した項目ごとに利用者の評価が示されるため，より具体

表8 3回の満足度の状況

項目	第1回	第2回	第3回
施　　　設	3.61	6.97	3.63
雑　　　誌	3.46	6.69	3.38
新　　　聞	3.61	7.15	3.57
一　般　書	3.25	6.62	3.25
児　童　書	3.39	6.79	3.34
職　　　員	3.87	7.64	3.85
総　　　合	3.67	7.19	3.75

＊3回の調査に共通した項目のみ。第1回，第3回は5段階，第2回は10段階評価。

的に利用者の評価がわかる，という点です。次にコメントやひとりひとりの回答事例により，経営改善のヒントを直接的・間接的に読み取ることができるということです。

また，コメントでは肯定的コメントが多く書かれていることに特徴があります。図書館職員満足度という観点からは肯定的コメントは予想以上に効果があります。さらに継続的に調査をし，各サービスや図書館資源の満足度の推移を計ることにより動的な経営状況を知ることができます。

(4) 図書館評価の活用と効果

数値による評価でまず考えられるのは館内での利用です。具体的には，一つは業務分析の客観的な評価として使うこと，もう一つは自館の「サービス計画」策定などの場合に，基礎資料として使うことです。

次に図書館外に対しての場合で，最初に考えられるのは市民への公開です。2点目は，説明資料として使う場合です。自治体の首長や幹部，議員などは近隣自治体の動向や同規模自治体の動向に敏感です。3点目には，企画部門や財政部門での説明資料としての役割です。

満足度調査のような利用者調査は，客観性を持つ資料として説明用資料として活用できます。また，コメントは多くの情報を提供してくれ，施設や運営の改善に役立ちます。当館ではそのコメントを基に館内に椅子を増やしたり，業務用端末の操作音を軽減したりと改善を行っています。

当館を含む神奈川県県央地区公共図書館連絡協議会では平成15年度に一斉に満足度調査を実施しました。[7] 自館の分析だけでなく，地域で行うことにより，より客観的に数字を見

ることができ，比較することによりその特性も一層明らかになります。そしてもともと地域間のつながりがあり，今後地域間の情報の共有化が進んでいくことを考えると，地域で行った結果を有効に使う場面も出てくるでしょう。実際，ある図書館ではこの結果を使って説明資料を作成しています。

　一般的には先述したように活用方法はさまざま考えられますが，当館では次のように使っています。

　まず数値による評価の利用としては，①館内の業務分析用資料として回覧および掲示，②「サービス計画」策定の基礎資料として添付，③説明資料として館内通路に掲示，④議会等での図書館活動説明資料として添付，⑤予算要求時の説明資料として添付などとして活用しています。

　次に満足度調査の活用ですが，①館内の業務分析用資料として回覧，②業務，館内施設等の改善の資料，③職員の意識向上の手段などとして使っています。

　自館の活動評価とそれと不可分な存在である「サービス計画97」の策定と実施により，当館においては次のような具体的効果があったと思われます。まず「サービス計画97」の中に具体的な数値目標があり，それに向けた運営により活動が活発化できたことです。次いで議会や予算要求の場で迅速かつ的確な答弁を行うことができたことや，施設や職員対応等の面で改善を行うことができたことが挙げられます。また職員の意識改革の参考にもなりました。

　さらに「サービス計画97」の作成により，「座間図書館ボランティア友の会」（以下，「友の会」）の結成や，「友の会」による廃棄資料のリサイクルなど，図書館だけではできなかったことが行えるようになりました。この他「友の会」や他

のボランティア団体,図書館関係団体と共催で「図書館まつり」を開催することができました。[8),9)]

(5) 課題

　当館ではこれまで数値による評価や満足度調査を行ってきました。この取り組みは一定の効果があり,それは業務の改善や利用の増大や予算削減の歯止めという形で現れています。

　しかし,課題も多くあります。まず数値による評価の限界です。量的な評価は質的な評価も含んだ上での数字ですが,質的なもの自体を評価したものではありません。満足度調査は数値による評価よりは質的な部分を多く持ちますが,これも先に見たように限界があります。図書館業務の質的な評価手法の確立が急務と思われます。

　また,自己評価が自館の目標やサービス計画と結びついていることが重要です。この点が十分行えていないことがもう一つの課題です。さらに職員問題があります。自己評価を行うのも,それに基づいて計画を立案するのも自館の職員です。しかし当館においても年々職員情況は厳しくなっています。モチベーションをどのように維持するのか,というのが最大の課題となっています。

（葉山敦美：座間市立図書館）

注
1)　神奈川県立図書館の自己評価については,「これからの図書館像－地域を支える情報拠点をめざして－（報告）」および事例集（事例21）に記載があります。

これからの図書館の在り方検討協力者会議．これからの図書館像－地域を支える情報拠点をめざして－（報告）．2006, p.28-30.
http://www.mext.go.jp/b_menu/houdou/18/04/06032701.htm［最終確認日 2007-02-11］
これからの図書館像－実践事例集－
http://www.mext.go.jp/a_menu/shougai/tosho/houkoku/06040715.htm［最終確認日 2007-02-11］
2) 神奈川県立図書館の活動評価 平成18年度［最終確認日 2007-06-29］
http://www.klnet.pref.kanagawa.jp/riyou/hyouka/knrt_hyouka/h18nenban/knrt_hyouka_h18.html
3) 図書館活動の数値目標（平成19年度）［最終確認日 2007-06-29］
http://www.klnet.pref.kanagawa.jp/riyou/hyouka/knrt_hyouka/suutimokuhyouH19.html
4) 2つのアンケート調査の詳しい結果は，『神奈川県立図書館の活動評価 平成15年度』に収録されています．［最終確認日 2007-02-11］
http://www.klnet.pref.kanagawa.jp/riyou/hyouka/knrt_hyouka/knrt_hyouka.htm
5) 石原眞理．図書館を利用しない人にどう働きかけるのか：神奈川県立図書館の二つの満足度調査の試み．図書館雑誌, Vol.99, No.4, 2005, p.246-248.
6) 三村敦美．「座間市立図書館利用者満足度調査」概要．現代の図書館, Vol.41, No.1, 2003, p.26-33.
7) 三村敦美．地域における利用者満足度調査．みんなの図書館, No.342, 2005, p.32-51.
8) 三村敦美, 高島弘．図書館まつり開催記．みんなの図書館, No.298, 2002, p.55-65.
9) 三村敦美, 遠藤春海．座間図書館ボランティア友の会－活動の今とこれから．みんなの図書館, No.360, 2007, p.38-55.

第 Ⅱ 部

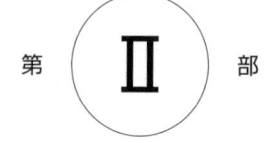

来館者調査
実例編

「Ⅰ部　評価の基礎編」では,図書館評価の基礎や実践例などについて述べてきましたが,Ⅱ部では,各図書館で実際に評価を行おうとする場合に参考となるよう,比較的取り組みやすい来館者調査の事例について解説します。神奈川県図書館協会図書館評価特別委員会では,大和市立図書館のご協力を得て,調査を実施しました。

1章 調査の目的とねらい

　2006年10月27日(金)から29日(日)までの3日間,大和市立図書館において来館者調査を実施しました。この調査は,「図書館の自己評価に関する調査研究を行い,図書館経営に資する」という委員会設置の趣旨に基づき,大和市立図書館における利用者の図書館サービスに対する満足度および図書館利用のアウトカムを明らかにすると同時に,市立図書館における評価のための利用者調査のモデルを示すことを目的として行ったものです。モデルを示すという目的から,公共図書館ではあまり実施されていない図書館アウトカムを特に意識し,その把握・測定をねらった調査としました。

　主な質問項目は,次の通りです。
①利用者の属性　年齢(年代),職業,居住自治体
②図書館の利用内容
③図書館の施設・資料に対する満足度
④図書館のサービスに対する満足度
⑤図書館に対する総合的な満足度
⑥図書館利用の成果

　最後の「図書館利用の成果」が,図書館アウトカムに直接かかわる調査項目です。I部(21〜23ページ)で述べたように,図書館のアウトカムの測定にはいくつかの方法があり

ますが，本調査では，利用によって得られると思われる全般的なアウトカムについて，利用者の認識を問う（そういう成果を感じるかどうか）という方法を試みました。利用者に問うアウトカムの項目は，委員会メンバーのブレーン・ストーミングによってリストアップしました。これらの項目で，図書館利用の結果として期待され，かつ測定可能なアウトカムがカバーできているかについては，今後の検証が必要だと思います。

　また，本調査は，利用者の意識による測定という手法をとったため，その精度には一定の限界があります。実際に図書館利用の結果としての変化が利用者の中に存在していても，それが知覚されていなければ回答に表れませんし，逆に，図書館利用と関係ない変化であっても利用者がその変化を強く意識している場合，図書館のアウトカムとして回答される可能性があります。そのような一定の限界があっても，この調査結果は，利用者が図書館の効用をどのように捉えているかを表すものであり，アウトカム評価上の貴重なデータを提供してくれるものと考えられます。

　なお，回答は，属性を尋ねる項目を除き，すべて5点尺度のリッカートスケール[1]によりました。これは，回答結果の多変量解析による利用内容と満足度あるいは利用内容とアウトカム等の分析をねらったものです。

注
1) 内容に賛成か反対かを，5段階くらいの尺度で答えさせ，各回答をスコアに置き換え（5段階なら1～5），複数項目へのスコアを合算して，態度スコアとして用いる尺度。

2章 調査票の設計

　調査票は対象者の考え・感情を汲み取る唯一の手がかりとなります。対象者が記入ししにくく，わかりづらいものや，膨大な量の記入を求めるものは好ましくありません。「どのような結果を得たいのか」を念頭に置いて，慎重に設計を行うべきでしょう。

　以下，今回実際に行った大和市立図書館の調査票を例に取って，ポイントを解説します。使用した調査票は 74 〜 77 ページに掲載しましたので，そちらもご参照ください。

(1) 全般

　自由記入欄は極力少なくし，ほとんどの質問は，回答を選択肢の中から選択する方式をとりました。回答者に負担をかけないためと，アンケートの結果処理の容易さを考えたためです。最後に「ご意見ご要望などございましたらご自由にお書きください」という自由記入欄を設けました。質問ごとの「その他」選択肢は作りませんでした。

　設問の量も，回答者の負担を考え，A4 表裏 1 枚にまとめました。細かい話になりますが，裏面使用の際には表面に「裏面あり」と表記した方がよいようです。今回の調査では，「裏面あり」と表記したにもかかわらず，表側にしか回答しない

人がいました。

　設問は「項目の番号に○をしてください」とし，各質問項目はカタカナの五十音（「ア」「イ」「ウ」……）としました。満足度等の程度は数字（「5」「4」「3」「2」「1」「0」）で尋ねました。初めは，両方とも「1」「2」「3」……としたのですが，同じであると質問項目の方に○をする人がいるのではないかと考え，変更しました。このような配慮をしても，質問項目（「ア」「イ」「ウ」……）のところに○を付ける人がいました。この結果を見ると上記の気遣いに果たしてどの程度効果があったのかと思いますが，気遣いをしなければさらに間違える回答者が多かっただろうと思います。

　本調査では，アンケート結果の分析にあたって，多変量解析の手法を使用しました。多変量解析を使って分析することを当初から考えていましたので，調査票を設計する際には，分析を行うためにどのような結果データを得る必要があるのかを意識しました。公共図書館の現場で，多変量解析を使った分析をすることはあまりないとは思いますが，調査票の設計の際には，どのような結果を得たいのかを意識しながら行うことは必要だと思います。

(2)　選択肢

　ほとんどの設問は，満足度等の程度を，「非常に満足」といった言葉ではなく，数字に○をつけてもらう方法で尋ねました。例えば「○○についてどう思いますか？」という設問のとき，1～5の数字から選択する場合と，「とてもよい」「悪い」といった言葉から選ぶ場合では，ニュアンスが変わってきます。「とてもする」「する」「するときもある」といった

語の場合，受け取り方は人によってさまざまです。ある人は90-50-10と考えるかもしれませんし，100-50-25と考えるかもしれません。言葉を用いた場合，わかりやすいというメリットはありますが，個々の選択肢間の「距離」は必ずしも等分にはなりません。調査結果の数値を計算によって処理しよう（例えば平均値を出すなど）という場合，選択肢間の等間隔性が重要になります。本調査では，数字を採用し，言葉を補いました。このことによって，選択肢間の等間隔性を仮定できるようにしました。

「わからない」「知らない」といった項目は入れておいた方がよいと思います。無回答とゼロ回答は違うからです。

選択肢の数を偶数にするか奇数にするか，ということも問題になります。例えば5択の場合，回答者は3を基準に考えやすいものです。選択肢の数が偶数の場合「中央」がないため，肯定的に評価するか否定的に評価するか，よりきちんと考えるようになるという考え方もあります。今回の調査では，ISO 11620の利用者満足度の規格に合わせ，5点尺度のリッカートスケールをとりました。

(3) 利用者の属性

問1は，利用者の属性を知ることを目的として設定しました。満足度調査でいろいろな項目を調べるとき，「どのような属性を持った人がそう思ったのか」を知ることは重要です。そのため，回答者個人の情報も得なければなりません。しかし，個人を特定する必要はないため，氏名・住所・電話番号などは必要ありません。今回は「年代」「職業」「所在市」の3項目を尋ねました。「性別」は尋ねませんでしたが，特に

男女の利用の違いについて調査をしたい，といった場合には尋ねてもよいと思います。利用者登録の際に性別を尋ねない図書館も増えていますし，配慮する必要があるでしょう。

　「年代」については，児童を区分けするために，「中学生以下」の選択肢を設け，後は「10代（中学生以下を除く）」「20代」……「70代以上」としました。10歳未満，10代，20代……としてもさほど問題はなかったと思います。上の方の年代は70代以上として括りました。80代や90代という選択肢を作って統計を取ったとしても，結果により「その年代の特徴」といった分析をするわけではないからです。今回の調査結果から言うと，70代以上の人数は多くなかったため，特に問題はありませんでした。

　「職業」についても，どこまで細かく分類するかが問題となります。今回は，会社員と公務員をまとめましたが，分けてしまった方がよい，という考え方もあります。学生，主婦とパート・アルバイトのように重複する可能性がある項目を，どのように設定するか，考慮する必要もあります。不適切な選択肢を作って筆を止めさせる結果になってはいけません。

　「所在市」については，今回は大和市と近隣の市（綾瀬市・海老名市・座間市・横浜市）と「その他」としました。大和市内の区分けは行いませんでした。調査の内容によっては細かく分ける必要があるかもしれないので，この辺は調査内容を考えて設定するとよいでしょう。

(4) 図書館の利用内容

　問2は，図書館で行っているサービスを列挙し，その利用内容を調べることを目的として設定しました。その図書館独

自のサービスや，特に尋ねたい項目は入れておいた方がよいでしょう。「図書館の新聞・雑誌を館内で読む」「インターネット端末を使う」「図書館のホームページを利用する」等の項目を入れました。

　用語については，できるだけ平易なものにします。本調査では「館内の検索機（OPAC）を使う」という項目を作りました。OPACという専門用語を使ったのは，館内の表示が「OPAC」となっているからです。館内の表示の方を変える必要があるのかもしれません。

　「図書館の利用内容」は，それぞれの図書館サービスの利用頻度や浸透度を知るために設定しました。自館で実施する際は，設問の量などに配慮して，調査票の質問項目を決めてください。

(5)　図書館の施設・資料に対する満足度

　問3は，施設と資料についての満足度を測定することを目的に設定しました。「量」と「質」とに分けた質問項目をいくつか設定したのは，「数はあるけれど内容が悪い」といった指摘を吸い上げるためです。余裕があれば，一般書や児童書，文芸書や専門書といったジャンルごとの満足度もきいてみるとよいかもしれません。

　満足度調査では，回答者自身が感じる満足度を，回答者がありのままに回答することを期待しています。例えば，調査対象の図書館の雑誌の種類がどんなに多くても，回答者が読みたい雑誌がない場合「不満」と回答するでしょう。しかし，中には，個人の満足度ではなく，「図書館として客観的にどうか」を回答する人もいます。図書館員の中には，「図書館

として客観的にどうか」の方を回答してほしいと考える人もいるかもしれません。しかし，満足度調査とは，本来回答者がどのように感じているかを尋ねるものです。ひとりひとりの回答は主観的なものであったとしても，統計的に有意なデータを収集することにより，客観性のある結果を得ようとするものです。例えば，雑誌の購入数は他の手段で求められますが，購入している雑誌についての満足度は他の手段では求められないのです。

(6) 図書館のサービスに対する満足度

問4では，図書館のサービスの満足度を調査しています。問2の「図書館の利用状況」で尋ねたサービスと共通する項目もありますが，ある程度数を絞りました。例えば，問2で尋ねた「おはなしかい」や「郵送貸出」などは省きました。個々のサービスではない「職員の対応」や「開館時間」「休館日」を入れました。

(7) 図書館に対する総合的な満足度

問5では，5段階+0（「わからない」）で，図書館の全般的な満足度をききました。個々のサービスではなく，その図書館全体のサービスや資料・施設に対して，どの程度満足しているのかを尋ねたものです。

(8) 図書館利用のアウトカム

問6は，本委員会の調査の中で最も特徴的な設問です。満足度調査は比較的多く実行されていますが，アウトカムの測定について，明確な認識をもって質問項目を作った調査はほ

とんど見られません。本調査では，あらかじめ選択項目を挙げて，その中から選択する形式を採りました。試行的な調査方法であるため，選択項目等については，今後検討する余地があるでしょう。

　同種の先行調査は見当たらないため，選択項目は，委員会メンバーのブレーン・ストーミングによって項目候補をリストアップした中から選択しました。利用者から見て「成果」であると考えられるものを項目としました。利用者に直接尋ねる方法では，図書館利用の結果，変化があっても，利用者がその変化を認識していなければ測定することができません。採用した選択項目の妥当性とも合わせて，今後検証していく必要があるでしょう。

　以上，大和市立図書館で用いた調査票を例にとって解説しました。実際に調査する際には，これを参考にしつつも，自館独自の視点・ポイントを取り入れてください。

3章 調査の概要

　今回の調査は10月27日(金)から29日(日)までの3日間で行いました。"一定の回収数があれば，3日間程度の来館者調査で充分に統計的精度の高いデータを得ることができる"，"3日間の調査期間の中に，平日と休日をうまく織り込めば，偏りの少ないデータを得ることができる"[1]との調査結果があったためです。

　調査方法は，図書館入口で調査票を渡し，館内に設置された記入スペースで記入，回収箱に投函するという方法をとりました。調査票を置いておいて取ってもらう方式も考えましたが，一番確実かつ回収が見込めるのはやはり手渡しだと考えました。記入スペースは180cm×60cmの机を計5つ出し，かなり大規模にしました。鉛筆は50本近く用意し，かつ1日2回ほど見回って芯を削りました。消耗品は余るくらいでちょうどよいようです。

　開館時間の9時から16時まで，ほぼ丸1日配布を続けました。土・日の調査は，職員が少なく，カウンター業務などとの調整が大変でした。土・日に調査票配布専用の人員を確保できればそれが理想ですが，予算の問題もあり難しいでしょう。

　今後実際に調査を行う方のために，気づいた点をいくつか

挙げます。調査票配布作業は，1人当たり連続して30分程度が適当でしょう。初日は60分交代としましたが，負担が大きかったようです。他の職員に協力を依頼して行う作業なので，できるだけ負担が少ない方がよいでしょう。また，「建物の入口で紙を配る」という行為だけで，怪しげな業者の怪しげな勧誘と思ってしまう人もいるようです。そこで，必ず最初に「図書館ですが」と言います。これだけでだいぶん印象が変わるはずです。既に回答を済ませた人への対応も考えておくべきです。毎日来館していて，前日に回答済の人や，長時間利用で何度も出入りを繰り返す人に用紙を渡そうとすると，中には過剰に反応して怒り出す人もいます。今回の調査では，1件だけですがそういう事例がありました。手渡し法の欠点の一つだと思います。できるだけ多くの人に調査票配布をすべきなのでしょうが，無理に押し付けるほどのことでもありません。適度なところで割り切って，例えば鞄も持たず軽装であれば「あ，上に荷物が置いてあるな」といった推理を働かせ，うまく対処してください。複数の人が同時に入ってくる場合などとともに，場合によっては「調査票を渡さない柔軟さ」も必要でしょう。

注
1) 岸田和明他. 来館者調査についての方法論的検討. 現代の図書館. Vol.43, No.1, 2005, p.44.

4章 調査結果

4.1 集計

大和市立図書館における来館者調査の結果を以下に記します。回答結果の実数については70～73ページをご参照ください。配布数は1,500, 回収数は1,123, 回収率は74.9%でした。

(1) 利用者の属性

図5は年代・職業・在住市についての結果です。

年代については，各年代が概ね均等に利用していることがわかりました。図書館は特定の年代層だけではなく，幅広い年代に利用されていると言えそうです。職業についても同様で，勤め人から主婦・学生と幅広い利用がなされていることがわかります。

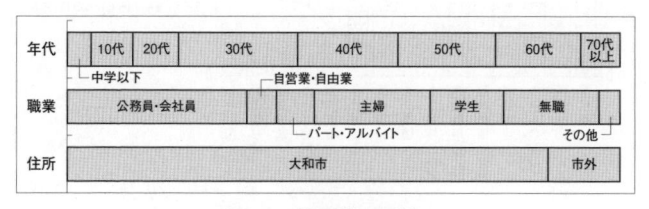

図5 利用者の属性

住所については，市立図書館という特性から，市内利用者が87.1％と，大部分を占めています。他市在住者の人数は70ページを見ていただきたいのですが，隣接している綾瀬市・海老名市・座間市の在住の方がほぼ同数となっています。横浜市は隣接市ですが広域利用協定を行っていないため，貸出はできません。それでも利用が隣接他市とほぼ同じだけあるということは，図書館に求めているものが貸出だけではないということをうかがわせます。

　利用者の属性は，今回回答者した方々の内容ですが，幅広い層から回答をいただくことができました。回収率の高さも含めて，今回の調査結果の信頼性・確実性はかなり高いと思います。

(2) 図書館の利用内容

　図6は図書館の利用内容についての回答です。「0：知らなかった」と答えた回答を除き，5段階評価のそれぞれの回答を「5：いつも利用する」は5倍，「4：わりと利用する」は4倍……として合計し，回答者数で割り，平均を出しました。

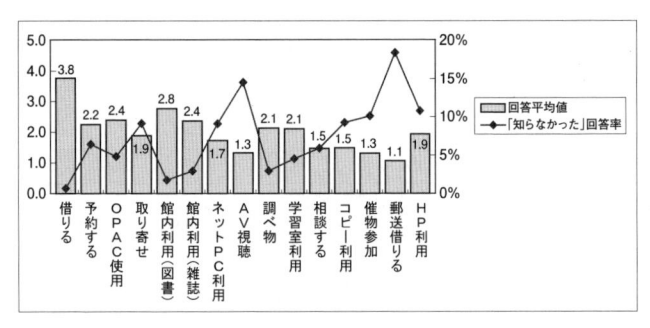

図6　利用内容

これ以降の設問についても同様の方法で算出しました。

最も数値が高かったのは「図書館にある本や雑誌を借りる（「借りる」）」、逆に最も低かったのは「録音図書、点字図書の郵送貸出サービスを利用する（「郵送借りる」）」でした。郵送サービスは「知らなかった」回答率（有効回答数のうち「0：知らなかった」と答えた割合）も一番高く、認知度自体が低いことがわかります。「本や雑誌・新聞などを読んだり借りたりする（「借りる」）」人は、「知らなかった」回答率が最も低くなっています。

「読書室（学習室）を利用する（「学習室利用」）」は「いつも利用する」割合が「わりと利用する」割合を上回っており、「本や調べものについて、職員に相談する（「相談する」）」「図書館の資料をコピーする（「コピー利用」）」の回答平均値が低いことも考え合わせると、「勉強などのために机だけ利用しに来る」層の多さもうかがえます。

(3) 図書館の施設・資料に対する満足度

図7は施設・資料の満足度についての回答です。

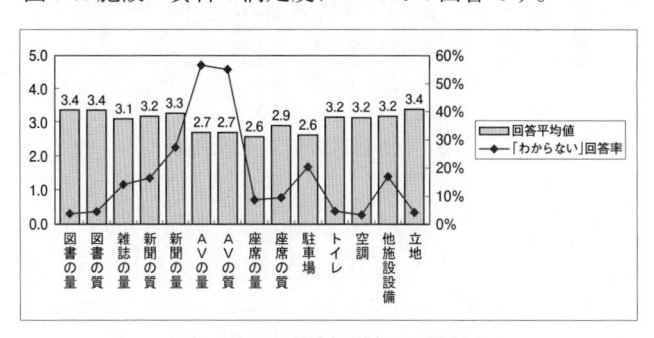

図7　施設・資料に対する満足度

このような満足度アンケートは大体中央（この調査では「3」）に回答が集中するものですが，今回もほぼそういう様相となりました。図書館の資料関係の回答で最も平均値が低かったのはビデオ・CDに関する項目（「AVの量」および「AVの質」）で，質量ともに満足度が低くなっています。「わからない」回答率もともに高くなっています。予算も少なく，購入数も多くはないので，早急に対処しなければならない課題の一つでしょう。満足度が低いことが予想されたトイレや空調については，さほど低くない数値が出ました。これは予想外の結果でした。

（4）　図書館のサービスに対する満足度

　図8はサービスの満足度についての回答です。

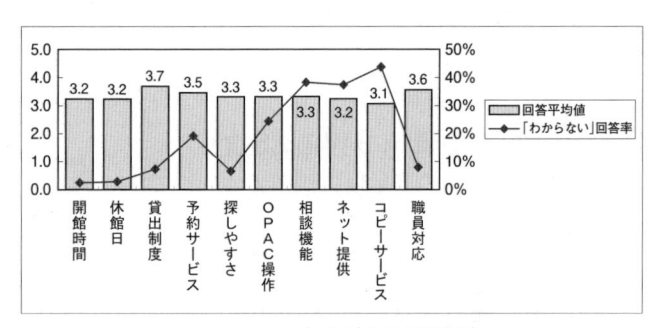

図8　サービスに対する満足度

　全体的に回答の平均値はほぼ同じで，数値も平均の3.0周辺に集中しています。「可もなし不可もなし」という，ある意味無難な図書館ということなのでしょう。最も高かったのは「貸出の制度（冊数・期間）（「貸出制度」）」です。大和市

立図書館では貸出冊数制限がなく，何冊でも借りられます。そのあたりが評価されたものと思われます。次いで高かったのは「職員の対応（「職員対応」）」でした。

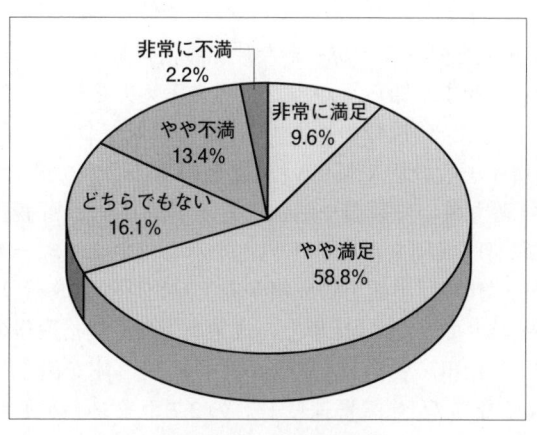

(5) 図書館に対する総合的な満足度

図9は総合的な満足度についての回答です。「やや満足」が最も多く，「非常に満足」を含めると7割近くの利用者が及第点をつけているようです。

一方で，「非常に不満」「やや不満」の回答が，合わせて15％ほどあります。まだまだ課題が多いことをうかがわせる結果でもあるでしょう。

図9 総合的な満足度

(6) 図書館利用のアウトカム

図10は，図書館を利用した結果のアウトカムについての回答です。

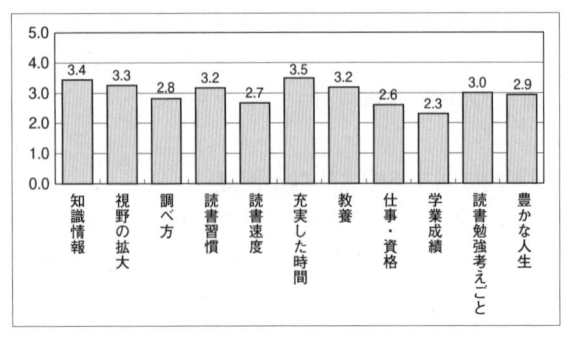

図10　アウトカム

　最も高かったのは「面白い本に触れて，充実した時間を過ごせた（「充実した時間」）」で，ついで僅差で「探していた情報や知識を得ることができた（「知識情報」）」となりました。その他，「今まで知らなかった世界や考え方を知り，関心分野が広がった（「視野の拡大」）」「読書習慣がついた（「読書習慣」）」「一般教養や幅広い知識を得ることができた（「教養」）」「落ち着いて読書や勉強，考え事ができた（「読書勉強考えごと」）」が3.0ポイント以上を示しています。一方，最も低かったのは「学業上の成績が向上した（「学業成績」）」で，2.3ポイントでした。「仕事上の成果向上や，資格取得の役に立った（「仕事・資格」）」の2.6ポイント，「本を読むスピードが速くなった（「読書速度」）」の2.7ポイントがそれに続きます。図書館に対するニーズの多様性が見て取れる結果となりました。

（7）自由意見

　最も多かったのが，「○○の分野の本をもっと入れてほし

い」「蔵書が少ない」「本が（内容・外観ともに）古い」といった蔵書に関する意見でした。特に雑誌については，雑誌名を指定しての要求が多くありました。

以下にざっと紹介すると，「予約数を制限しないで欲しい」「イスを増やして欲しい」「飲食可にして欲しい」「喫煙場所を設けて欲しい」「開館時間を長くして欲しい」「祝日月曜に開館して欲しい（大和市立図書館では休館日は月曜で，休館日の振替はない）」「トイレを綺麗にして欲しい」「駐車場を増やして欲しい」などです。他に，「職員の対応が悪い」「寝ている利用者に注意をして欲しい」という意見もありました。

現在，これらの意見についてどう対処するか，館内会議で検討中です。こういった生の声が拾えるところも，アンケート調査の大きなメリットでしょう。

4.2 分析

多変量解析等の手法により，大和市立図書館における満足度およびアウトカムを分析しました。分析の課題は次の事項です。
①大和市立図書館にはどのような利用者がいるのか
②どのような利用者がどの点に満足・不満足を感じているか
③どのような利用者がどのようなアウトカムを感じているか
④利用とアウトカムにはどのような関連があるか

分析には，SPSS（V.13.0）を使用しました。SPSSは，各種のデータ分析によく使用されている統計処理ソフトです。最新バージョンであるSPSS BASEシステム15.0の定価は17万6千円（2006年12月現在）と，図書館業務で日常的に使

用しているワープロ，表計算等のアプリケーション・ソフトに比べかなり高価ですが，アンケートや各種業務データの分析に活用することができます。操作もそう難しくはなく，マニュアル本も多数出版されていますが，分析方法の選択，結果の解釈のためには，初歩的な推測統計学の知識が必要です。

（1） どのような利用者がいるのか

利用内容によって利用者を類似のグループに分割し，それぞれの特徴を見ることによって，どのような利用者がいるかを把握しようとしました。この分析で使用する手法は，クラスタ分析です。これは，処理対象項目（今回は問2の利用内容の設問および年齢，職業）の類似度によって，レコード（本調査の場合は回答者単位のデータ）をグループ化する分析方法です。なお，回答選択枝の「0：知らなかった」（そういう利用ができることを知らなかった）については「1：利用はしない」と同じに扱い，分析しました。

分析の結果，表9の4つのグループに分けることができました[1]。回答総数が1,123であるのに各グループの合計が741であるのは，クラスタ分析の場合，処理対象項目に1つでも欠損値（未回答）があると，そのレコード自体が処理から除外されてしまうためです。処理対象項目である利用に関する項目中，「いつも利用する」から「知らなかった」までのいずれの尺度にもマークがつけられていない，あるいは複数の尺度にマークがつけられているレコード，年齢，職業にマークがつけられていないレコードは，382レコードありました。

表9　クラスタ分析によるグループ化

第1グループ	383	51.7%
第2グループ	89	12.0%
第3グループ	132	17.8%
第4グループ	137	18.5%
合　計	741	100.0%

　それぞれのグループの利用上の特徴を見てみましょう。各グループのそれぞれの利用内容，利用度平均は，表10のとおりです。

表10　各グループの利用度平均値

	借りる	予約する	OPAC使用	取り寄せ	館内利用(図書)	館内利用(雑誌)	ネットPC利用	AV視聴	調べ物	学習室利用
第1	3.62	1.56	2.13	1.39	2.52	2.17	1.40	1.15	1.97	1.78
第2	3.40	1.64	1.44	1.45	3.09	2.71	1.19	1.19	2.04	2.17
第3	3.17	1.76	2.77	1.56	2.89	2.17	2.00	1.48	2.40	2.98
第4	4.61	4.25	3.06	2.91	2.36	2.20	2.27	1.28	1.74	1.58
全体	3.70	2.10	2.33	1.71	2.63	2.24	1.65	1.24	2.01	2.00

相談する	コピー利用	催物参加	郵送借りる	HP利用
1.33	1.34	1.15	1.04	1.41
1.37	1.48	1.16	1.00	1.15
1.50	1.45	1.27	1.14	1.93
1.49	1.42	1.53	1.00	3.42
1.39	1.39	1.24	1.05	1.84

第1のグループは，383人と全体の過半数を構成しているグループです。このグループは，数が多いということもありますが，どの利用内容をとっても，その利用度平均は全体の平均近くに位置しています。他のグループに比べ，特によく利用する利用内容および逆に特に利用が少ないという利用内容は見当たりません。このグループの利用行動は，大和市立図書館利用の一般的な形を表していると考えられます。このグループを，以降「オーソドックス派」と呼ぶことにします。

　第2のグループは，89人で1割強を占めています。このグループの特徴は，他のグループに比較して館内利用が多いことです。図書，新聞雑誌ともに館内利用の利用度は，4グループの中で第1位です。一方，「OPAC使用」「ネットPC利用」「HP（ホームページ）利用」は4グループ中最下位であり，パソコンが得意でないのではないかと感じさせます。以降このグループを「館内利用派」と呼ぶことにします。

　第3のグループの特徴は，学習室の利用が多いことです。「調べ物」も他のグループとあまり差がないものの第1位です。HPやOPACも比較的よく利用しています。一方，本を借りるという，最も公共図書館でポピュラーな利用は，4グループ中最下位です。このグループを「座席利用派」と名づけることにします。このグループは132人，全体の2割弱です。

　最後に第4のグループですが，他に比べてこのグループの利用内容は特徴的です。このグループは，「借りる」「予約する」「HP利用」「（資料の）取り寄せ」の各利用で，他のグループを引き離し圧倒的に1位です。「OPAC使用」，「ネットPC利用」についても，座席利用派とあまり差がないとはいえ，

第1位の利用度を示しています。PCやネットワークを活用した利用，あるいは予約や資料取り寄せなど，図書館のいわば高機能についてよく知り活用しているグループです。このグループを「高機能活用派」と呼ぶことにします。

次にこれらの4グループの年齢層および職業を見てみます。

表11によれば，中学生以下および10代の利用者は，そのほとんどが「座席利用派」に属しています。20代から50代までは，過半数がオーソドックス派に属し，60代以上は，館内利用派です。高機能活用派は，どの年代でも多数を占めていませんが，30代と40代では約4分の1を占めており，50代でも2割を占めています。

表12は，グループごとの職業集計です。会社員・公務員，自営業・自由業，パート・アルバイトの大部分は，オーソド

表11　各グループと年代

		中学生以下	10代	20代	30代	40代	50代	60代	70代以上	合計
オーソドックス派	度数	1	4	39	124	105	83	26	1	383
	グループ内比率	0.3%	1.0%	10.2%	32.4%	27.4%	21.7%	6.8%	0.3%	100.0%
	年代内比率	2.8%	5.7%	54.9%	66.0%	68.2%	69.2%	33.8%	4.0%	51.7%
館内利用派	度数	0	0	2	4	9	13	39	22	89
	グループ内比率	0.0%	0.0%	2.2%	4.5%	10.1%	14.6%	43.8%	24.7%	100.0%
	年代内比率	0.0%	0.0%	2.8%	2.1%	5.8%	10.8%	50.6%	88.0%	12.0%
座席利用派	度数	35	64	21	12	0	0	0	0	132
	グループ内比率	26.5%	48.5%	15.9%	9.1%	0.0%	0.0%	0.0%	0.0%	100.0%
	年代内比率	97.2%	91.4%	29.6%	6.4%	0.0%	0.0%	0.0%	0.0%	17.8%
高機能活用派	度数	0	2	9	48	40	24	12	2	137
	グループ内比率	0.0%	1.5%	6.6%	35.0%	29.2%	17.5%	8.8%	1.5%	100.0%
	年代内比率	0.0%	2.9%	12.7%	25.5%	26.0%	20.0%	15.6%	8.0%	18.5%
全体	度数	36	70	71	188	154	120	77	25	741
	グループ内比率	4.9%	9.4%	9.6%	25.4%	20.8%	16.2%	10.4%	3.4%	100.0%
	年代内比率	100.0%	100.0%	100.0%	100.0%	100.0%	100.0%	100.0%	100.0%	100.0%

※各グループの中で最も多い年代の「グループ内比率」および各年代の中で最も多いグループの「年代内比率」に網をかけてある。表12も同じ。

ックス派に含まれています。主婦は約半数がオーソドックス派ですが、高機能活用派も36.6%存在します。学生は、圧倒的に座席利用派、無職およびその他は、館内利用派が3分の2を占めています。

表12 各グループと職業

		職　業							合計
		会社員公務員	自営自由業	パートアルバイト	主婦	学生	無職	その他	
オーソドックス派	度数	217	34	34	82	9	6	1	383
	グループ内比率	56.7%	8.9%	8.9%	21.4%	2.3%	1.6%	0.3%	100.0%
	職業内比率	81.6%	89.5%	73.9%	51.6%	7.5%	6.7%	4.5%	51.7%
館内利用派	度数	0	0	2	12	2	59	14	89
	グループ内比率	0.0%	0.0%	2.2%	13.5%	2.2%	66.3%	15.7%	100.0%
	職業内比率	0.0%	0.0%	4.3%	7.5%	1.7%	65.6%	63.6%	12.0%
座席利用派	度数	1	0	4	7	107	8	5	132
	グループ内比率	0.8%	0.0%	3.0%	5.3%	81.1%	6.1%	3.8%	100.0%
	職業内比率	0.4%	0.0%	8.7%	4.4%	89.2%	8.9%	22.7%	17.8%
高機能活用派	度数	48	4	6	58	2	17	2	137
	グループ内比率	35.0%	2.9%	4.4%	42.3%	1.5%	12.4%	1.5%	100.0%
	職業内比率	18.0%	10.5%	13.0%	36.5%	1.7%	18.9%	9.1%	18.5%
全　体	度数	266	38	46	159	120	90	22	741
	グループ内比率	35.9%	5.1%	6.2%	21.5%	16.2%	12.1%	3.0%	100.0%
	職業層内比率	100.0%	100.0%	100.0%	100.0%	100.0%	100.0%	100.0%	100.0%

　以上をまとめると、次のようになります。まず、大和市立図書館の利用者には、第一線をリタイアしたお年寄りのグループがいます。館内利用派です。このグループは、資料の館内利用が多く、パソコンなどにはあまり触りません。時間的に余裕があるため、館内で資料を利用するという方法を取れるのでしょう。次に、学生のグループがいます。座席利用派グループであり、このグループのメンバーは、他に比べて学習室を利用することが多いようです。また、調べ物も他のグループに比べると多くなっています。主に学習のために図書館を利用していると思われるグループです。館内利用派は1

割強,座席利用派は 2 割弱を占めています。

　30 代から 50 代の勤労者および主婦の中に,図書館の機能やサービスを非常によく知っており,それを活用しているグループ,高機能活用派がいます。特に主婦の中では,その比率は 3 分の 1 を超えています。これらの人々は,図書館ホームページや OPAC をよく利用し,また資料の予約,取り寄せといったサービスも非常によく利用しています。

　残りの人々が,オーソドックス派,多数派です。勤労者の大部分,主婦の約半数はこのグループに含まれます。

表 13　各グループの特徴

	人数	名　称	利用上の特徴	属性上の特徴
1	383	オーソドックス派	平均的利用内容	30－50 代勤労者,主婦が中心
2	89	館内利用派	館内利用が多い。PC 関係はほとんど利用しない	リタイアしたお年寄りが中心
3	132	座席利用派	学習室利用が多い。PC 関係も利用する	学生中心
4	137	高機能活用派	図書館をよく知りよく利用。PC 関係利用も多い	相対的には主婦が多い

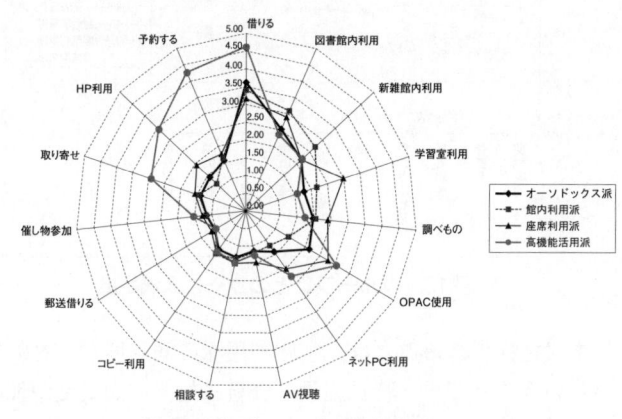

図 11　各グループの利用内容

(2) それぞれのグループの満足度

図 12 および図 13 は，グループごとの施設・資料，サービスに対する満足度平均値のグラフです。

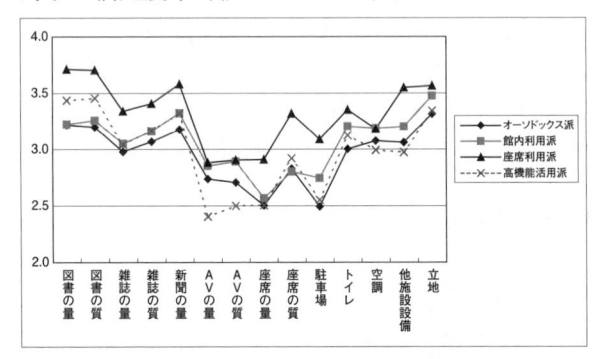

図 12　グループごとの施設・資料満足度

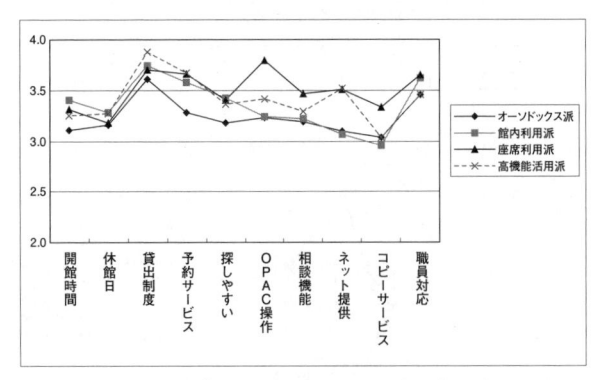

図 13　グループごとのサービス満足度

まず指摘できることは，座席利用派の満足度が相対的に高いということです。特に施設・資料に対する満足度が他のグループに比して高く，ほぼすべての項目で他のグループを上

回っています。施設・資料項目の図書の質・量，新聞の量，その他の施設設備，立地が平均3.5を超えています。サービスに対しても，施設・資料ほどではありませんが，貸出制度，予約サービス，OPAC操作，職員対応で3.5以上と満足度が高くなっています。相談機能，コピーサービスも他のグループを上回っています。このグループで否定的な評価（3未満）は，AVの質・量，座席の量だけです。

　高機能活用派は，貸出制度，予約サービス，ネットワークPC提供については，3.5を超える満足度を示していますが，それ以外の項目については，満足度はそう高くありません。特に施設・資料面では評価が低く，AVの質・量，座席の質・量，その他の施設設備で否定的な評価になっています。

　オーソドックス派も，施設・資料，サービスに対する満足度はそう高くありません。3.5を超えているのは，貸出制度だけです。また3未満の否定的評価は，雑誌の量，AVの質・量，座席の量，座席の質，駐車場の6項目に与えられています。サービスについては，3未満ではないにせよ，「開館時間」「予約サービス」「探しやすさ」に関しては他のグループに比べてかなり低くなっています。その他の項目についても，4グループの中でほぼ最低の評価をつけています。

　最後に，館内利用派ですが，このグループは，他のグループに比して特徴的な評価は行っていません。唯一，他のグループと差が見える項目は，開館時間に対する満足度です。リタイアした高齢者が中心のグループということから時間に余裕があるせいか，最も満足度が高くなっています。

　次に，総合的な満足度をグループごとに見てみましょう。どのグループも3.5程度であり，あまり差はありません。グ

ループ間で有意の差があるのは,座席利用派と館内利用派のみです。資料・施設,サービスの個々の要素に対しては辛口のオーソドックス派も,総合的な満足度としては,そう低くはないようです。

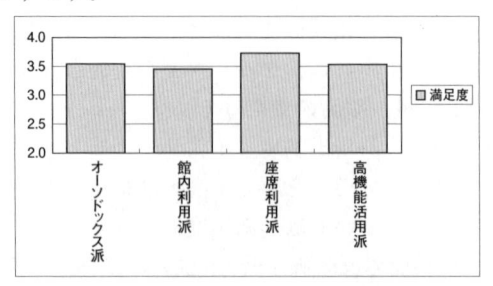

図14 グループごとの総合的な満足度

(3) それぞれのグループのアウトカム

次に,それぞれのグループがどのようなアウトカムを得ているかを見てみましょう。図15は,グループごとのアウトカム平均値を図示したものです。

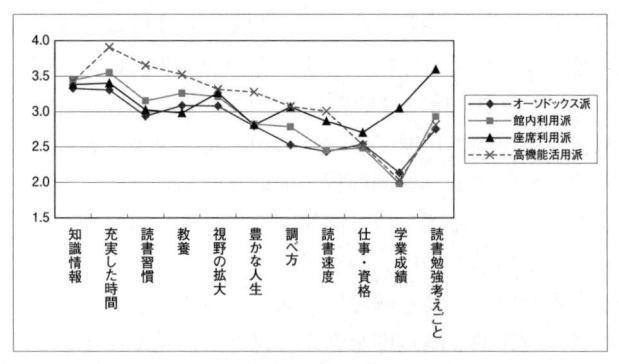

図15 それぞれのグループのアウトカム

これを見ると，まず，高機能活用派のアウトカム獲得度が相対的に高いことが見て取れます。「充実した時間」「読書習慣」「教養」「豊かな人生」などは，他のグループと比して明らかに差があり，他のグループと差はあまりないようですが，「知識情報」「視野の拡大」なども高くなっています。

　館内利用派とオーソドックス派は，似たアウトカムを同程度得ています。比較的高いのは，「知識情報」「充実した時間」「教養」「視野の拡大」などです。全体にわたって館内利用派の方が獲得度が高くなっています。

　これに対して，かなり異なるアウトカム獲得状況を示しているのは，座席利用派です。座席利用派は，「学業成績」「読書勉強考えごと」において他のグループよりもはるかに成果を獲得しています。高機能活用派に及びませんが「視野の拡大」「調べ方」においても高いスコアを上げています。スコア自体はそう高くはありませんが「仕事・資格」（このグループの場合は，仕事でなく資格取得と思われますが）についても，他のグループよりよく成果を獲得しています。このグループは，学業・学習関係のアウトカムを多く獲得しているといえるでしょう。

(4) 利用内容とアウトカムの相関

　表14は，利用内容ごとの利用度とアウトカム各項目ごとの獲得度の相関を表したものです。これを見ると，かなりの項目間に弱いながらも相関があることがわかります。その中でも，相対的に強い相関が示されたのは「借りる」という利用内容と，「読書習慣」「充実した時間」「教養」の各アウトカムとの関連，および「学習室利用」という利用内容と「学

業成績」「読書勉強考えごと」との相関です。これらの相関係数[2]は,0.3以上であり,そう強い相関とはいえませんが,それなりの関連はあると評価できます。

表14 利用内容とアウトカムの相関

	知識情報	視野の拡大	調べ方	読書習慣	読書速度	充実した時間	教養	仕事・資格	学業成績	読書勉強考えごと	豊かな人生
借りる	.225(**)	.257(**)	.200(**)	.348(**)	.241(**)	.340(**)	.311(**)				.245(**)
予約する	.115(**)	.122(**)	.199(**)	.238(**)	.220(**)	.237(**)	.194(**)	.080(*)			.164(**)
OPAC使用	.194(**)	.136(**)	.170(**)	.119(**)	.119(**)	.169(**)	.147(**)	.152(**)	.119(**)		.116(**)
取り寄せ	.138(**)	.155(**)	.170(**)	.207(**)	.173(**)	.174(**)	.183(**)				.154(**)
館内利用(図書)	.228(**)	.208(**)	.138(**)			.077(*)	.118(**)	.181(**)	.187(**)	.205(**)	.084(**)
館内利用(雑誌)	.164(**)	.174(**)	.101(**)			.080(*)	.148(**)	.155(**)	.102(**)	.178(**)	.110(**)
ネットPC利用		.074(*)	.190(**)	.125(**)	.112(**)			.103(**)	.154(**)		
AV視聴	.130(**)	.123(**)	.189(**)	.084(*)	.116(**)	.072(*)	.076(**)	.151(**)	.226(**)	.104(**)	.113(**)
調べ物	.247(**)	.181(**)	.198(**)			.079(*)	.131(**)	.261(**)	.247(**)	.203(**)	.077(**)
学習室利用								.242(**)	.313(**)	.328(**)	
相談する	.180(**)	.186(**)	.214(**)	.133(**)	.154(**)	.124(**)	.167(**)	.178(**)	.191(**)	.154(**)	.212(**)
コピー利用	.143(**)	.102(**)	.126(**)				.074(*)	.171(**)	.127(**)	.143(**)	.094(**)
催物参加			.088(*)	.118(**)	.077(*)	.085(*)	.076(**)	.086(*)			.129(**)
郵送借りる				.070(*)				.082(*)	.092(*)		
HP利用	.116(**)	.130(**)	.154(**)	.170(**)	.154(**)	.194(**)	.189(**)	.137(**)			.142(**)

**. 相関係数は 1% 水準で有意(両側)　　*. 相関係数は 5% 水準で有意(両側)
注:5%水準で有意の相関がないものは空欄

　この2つの利用内容とアウトカムとの関係は対照的です。「借りる」という利用内容は,前述した3つのアウトカムのほか,「知識情報」「視野の拡大」「調べ方」「読書速度」「豊かな人生」との間で0.2以上の相関があります。「仕事・資格」「学業成績」「読書勉強考えごと」との間には有意[3]の相関関係はありません。一方,「学習室利用」は,その3つのアウトカムと0.2以上の相関関係があり,それ以外のアウトカムとは有意の相関関係はありません。「借りる」利用と「学習室利用」との間には,−0.297の負の相関があり,この2つ

の利用は補完的関係にあると言ってもよいかもしれません。

　アウトカムごとにその獲得度と相対的に相関が高い利用内容を見ると次のようになっています（既に挙げた0.3以上の相関があるものは除きます）。

（アウトカム）　　（利用内容）
・知識情報　　←→　調べもの
・視野の拡大　←→　借りる
・調べ方　　　←→　相談する
・読書速度　　←→　借りる
・仕事資格　　←→　学習室利用
・豊かな人生　←→　借りる

　いずれも係数0.2から0.3の緩やかな相関ですので、過度に強調することはできませんが、それなりに納得できる関連といえるでしょう。

注
1)　グループの数はシステムで自動的に決定されるわけではありません。システムができるのは、類似度によってレコードをまとめることだけです。いくつに分けるかは、分析者が指定します。今回は、試行的に3から6グループにわけ、その結果の内容から実態をよく現していると思われるものとして4グループを選択しました。
2)　二つの変数の変動が関連を持っている程度を表す数値。完全に同じように変動する場合は、相関係数は1となり、まったく逆に変動する場合は−1、関連を持たない場合は0となります。通常相関係数0.2から0.4の場合は、「やや相関関係がある」とされます。
3)　統計上、採集したサンプルによって偶然に相関が生じた可能性が相当程度低い場合、「有意の相関がある」といいます。この場合、偶然に相関が生じた可能性が5％未満の場合、「有意」としています

大和市立図書館調査結果

問1　あなたご自身について，差し支えない範囲で教えてください。

ア　あなたの年齢を教えてください（該当の項目番号にひとつだけ○）
1. 中学生以下　　　　　　　　47　4.3%
2. 10代（中学生以下を除く）　83　7.6%
3. 20代　　91　8.3%　　4. 30代　　　237　21.6%
5. 40代　　200　18.2%　　6. 50代　　　194　17.7%
7. 60代　　168　15.3%　　8. 70代以上　　77　7.0%

イ　あなたのご職業を教えてください（該当の項目番号にひとつだけ○）
1. 会社員・公務員　　　　　　357　32.5%
2. 自営業・自由業　　　　　　 59　 5.4%
3. パート・アルバイト　　　　 75　 6.8%
4. 主婦（パート勤務を含む）　231　21.1%
5. 学生　　　　　　　　　　　146　13.3%
6. 無職　　　　　　　　　　　188　17.1%
7. その他　　　　　　　　　　 41　 3.7%

ウ　あなたのご住所を教えてください（該当の番号項目にひとつだけ○）
1. 大和市　942　87.1%　　2. 綾瀬市　27　2.5%
3. 海老名市　24　2.2%　　4. 座間市　23　2.1%
5. 横浜市　　42　3.9%　　6. その他　24　2.2%

問2　あなたは，図書館で次のような項目について，どれくらい利用されていますか？　一番近いと思われる項目の数字に○をしてく

ださい。

	いつも利用する	わりと利用する	たまに利用する	利用したことがある	利用はしない	知らなかった
ア 図書館にある本や雑誌を借りる	403	257	217	78	89	7
イ 借りられている本や雑誌への予約をする	132	59	133	141	425	61
ウ 館内の検索機（OPAC）を使う	84	117	187	171	328	45
エ 他の図書館にある本や雑誌を取り寄せてもらう	52	56	108	138	472	83
オ 図書館の本を館内で読む	125	156	262	187	222	17
カ 図書館の新聞・雑誌を館内で読む	88	109	188	201	335	28
キ インターネット端末を使う	47	48	79	122	546	84
ク CD・ビデオを聴く・観る	10	17	36	86	628	132
ケ 図書館の資料を使って調べ物をする	60	79	162	234	386	28
コ 読書室(学習室)を利用する	100	79	103	155	468	43
サ 本や調べものについて，職員に相談する	7	25	65	176	605	55
シ 図書館の資料をコピーする	11	26	64	160	587	86
ス おはなしかいや講演会・講座などの催し物に参加する	6	22	31	106	672	94
セ 録音図書，点字図書の郵送貸出サービスを利用する	1	4	10	12	732	171
ソ 図書館のホームページを利用する	89	57	72	116	504	101

問3　図書館の施設・資料についての満足度をお伺いします。一番近いと思われる項目の数字に○をしてください。

		非常に満足	やや満足	どちらでもない	やや不満	非常に不満	わからない
ア	図書の量	128	424	223	201	45	40
イ	図書の質	118	383	268	183	34	46
ウ	雑誌の量	62	231	348	181	37	141
エ	雑誌の質	61	214	389	123	27	160
オ	新聞の量	69	166	368	63	24	258
カ	ビデオ・CDの量	17	36	231	67	60	536
キ	ビデオ・CDの質	14	45	225	68	62	507
ク	座席の量	36	151	245	347	125	86
ケ	座席の質	40	187	374	182	78	90
コ	駐車場	56	111	232	234	134	196
サ	トイレ	92	241	407	141	64	46
シ	冷暖房・空気の流れ	78	255	405	159	53	33
ス	その他の図書館の施設・設備	51	203	434	93	28	165
セ	図書館の立地	148	297	355	127	38	42

問4 図書館のサービスについての満足度をお伺いします。一番近いと思われる項目の番号に〇をしてください。

		非常に満足	やや満足	どちらでもない	やや不満	非常に不満	わからない
ア	開館時間	140	304	265	200	75	24
イ	休館日	111	249	398	135	67	28
ウ	貸出の制度（冊数・期間）	214	292	301	57	23	70
エ	予約・リクエストサービス	116	228	328	59	25	180
オ	本の探しやすさ	91	273	355	134	32	62
カ	館内の検索機（OPAC）の使いやすさ	66	204	333	67	24	225
キ	本や調べものの相談	45	116	358	27	16	350
ク	インターネット利用サービス	55	124	324	50	22	345
ケ	コピーサービス	29	74	348	39	27	404
コ	職員の対応	141	339	350	53	27	78

問5 総合的に見て,大和市立図書館にどの程度満足していますか？ 一番近いと思われるものに〇をしてください。(%は,「わからない」回答を除いて計算しました。)

5. 非常に満足	97	9.6%
4. やや満足	597	58.8%
3. どちらでもない	163	16.1%
2. やや不満	136	13.4%
1. 非常に不満	22	2.2%
0. わからない	9	

問6 図書館を利用した成果として次のようなことをお感じになりますか？ 一番近いと思われる項目の番号に〇をしてください。

	感いつも じるも	感わりと じると	感たじまに るに	感もじあるこ とるこ	感がじないこ とがないこ
ア 探していた情報や知識を得ることができた	125	367	278	106	49
イ 今まで知らなかった世界や考え方を知り,関心分野が広がった	116	280	296	130	76
ウ 本の探し方や,知識・情報の調べ方が判った	75	188	278	161	167
エ 読書習慣がついた	169	224	211	126	143
オ 本を読むスピードが速くなった	108	158	200	147	254
カ 面白い本に触れて,充実した時間を過ごせた	194	303	235	107	68
キ 一般教養や幅広い知識を得ることができた	126	231	296	128	93
ク 仕事上の成果向上や,資格取得の役に立った	75	159	218	169	238
ケ 学業上の成績が向上した	60	102	182	153	318
コ 落ち着いて読書や勉強,考え事ができた	130	208	217	163	150
サ 人生が豊かになった	104	171	201	136	146

大和市立図書館ご利用者アンケート

いつも図書館をご利用いただきありがとうございます。日ごろ、利用者のみなさまが図書館についてどのようにお感じになっているかをお聞きし、今後のサービス向上に役立てたいと考えております。お忙しいところを恐縮ですが、ぜひ調査にご協力をお願いいたします。

問1 あなたご自身について、差し支えない範囲で教えてください。

ア あなたの年齢を教えてください（該当の項目番号に○ひとつだけ）
1. 中学生以下　2. 10代（中学生以下を除く）　3. 20代　4. 30代
5. 40代　6. 50代　7. 60代　8. 70代以上

イ あなたのご職業を教えてください（該当の項目番号に○ひとつだけ）
1. 会社員・公務員　2. 自営業・自由業　3. パート・アルバイト
4. 主婦（パート勤務を含む）　5. 学生　6. 無職　7. その他

ウ あなたのご住所を教えてください（該当の番号項目に○ひとつだけ）
1. 大和市　2. 綾瀬市　3. 海老名市　4. 座間市　5. 横浜市　6. その他

問2 あなたは、図書館で次のような項目について、どれくらい利用されていますか？　一番近いと思われる項目の数字に○をしてください。

	利用することがある	利用したことがある	ご利用されたことはない	知らない
ア 図書館にある本や雑誌を借りる	5	4	3	2	1	0
イ 借りられている本や雑誌への予約をする	5	4	3	2	1	0
ウ 館内の検索機（OPAC）を使う	5	4	3	2	1	0
エ 他の図書館にある本や雑誌を取り寄せてもらう	5	4	3	2	1	0
オ 図書館の本を館内で読む	5	4	3	2	1	0
カ 図書館の新聞・雑誌を館内で読む	5	4	3	2	1	0

キ　インターネット端末を使う　　　　　　　　　　　　　　5　4　3　2　1　0
ク　CD・ビデオを聴く・観る　　　　　　　　　　　　　　5　4　3　2　1　0
ケ　図書館の資料を使って調べ物をする　　　　　　　　　　5　4　3　2　1　0
コ　読書室（学習室）を利用する　　　　　　　　　　　　　5　4　3　2　1　0
サ　本や調べものについて、職員に相談する　　　　　　　　5　4　3　2　1　0
シ　図書館の資料をコピーする　　　　　　　　　　　　　　5　4　3　2　1　0
ス　おはなし会や講演会・講座などの催し物に参加する　　　5　4　3　2　1　0
セ　録音図書、点字図書の郵送貸出サービスを利用する　　　5　4　3　2　1　0
ソ　図書館のホームページを利用する　　　　　　　　　　　5　4　3　2　1　0

問3　図書館の施設・資料についての満足度をお伺いします。一番近いと思われる項目の数字に○をしてください。

　　　　　　　　　　　　　　　　　　　　　　　　　非　や　ど　や　不　わ
　　　　　　　　　　　　　　　　　　　　　　　　　常　や　ち　や　満　か
　　　　　　　　　　　　　　　　　　　　　　　　　に　満　ら　不　　　ら
　　　　　　　　　　　　　　　　　　　　　　　　　満　足　で　満　　　な
　　　　　　　　　　　　　　　　　　　　　　　　　足　　　も　　　　　い
　　　　　　　　　　　　　　　　　　　　　　　　　　　　　な
　　　　　　　　　　　　　　　　　　　　　　　　　　　　　い

ア　図書の量　　　　　　　　　　　　　　　　　　　　　　5　4　3　2　1　0
イ　図書の質　　　　　　　　　　　　　　　　　　　　　　5　4　3　2　1　0
ウ　雑誌の量　　　　　　　　　　　　　　　　　　　　　　5　4　3　2　1　0
エ　雑誌の質　　　　　　　　　　　　　　　　　　　　　　5　4　3　2　1　0
オ　新聞の量　　　　　　　　　　　　　　　　　　　　　　5　4　3　2　1　0
カ　ビデオ・CDの量　　　　　　　　　　　　　　　　　　　5　4　3　2　1　0
キ　ビデオ・CDの質　　　　　　　　　　　　　　　　　　　5　4　3　2　1　0
ク　座席の量　　　　　　　　　　　　　　　　　　　　　　5　4　3　2　1　0
ケ　座席の質　　　　　　　　　　　　　　　　　　　　　　5　4　3　2　1　0
コ　駐車場　　　　　　　　　　　　　　　　　　　　　　　5　4　3　2　1　0
サ　トイレ　　　　　　　　　　　　　　　　　　　　　　　5　4　3　2　1　0
シ　冷暖房・空気の流れ　　　　　　　　　　　　　　　　　5　4　3　2　1　0
ス　その他の図書館の施設・設備　　　　　　　　　　　　　5　4　3　2　1　0
セ　図書館の立地　　　　　　　　　　　　　　　　　　　　5　4　3　2　1　0

（裏面へ続きます）

4章　調査結果………75

問4 図書館のサービスについての満足度をお伺いします。一番近いと思われる項目の番号に○をしてください。

```
                                           満　や　ど　や　非　わ
                                           足　や　ち　や　常　か
                                           に　満　ら　不　に　ら
                                              足　で　満　不　な
                                                 も　　　満　い
                                                 な
                                                 い
ア 開館時間                                  5　4　3　2　1　0
イ 休館日                                    5　4　3　2　1　0
ウ 貸出の制度（冊数・期間）                  5　4　3　2　1　0
エ 予約・リクエストサービス                  5　4　3　2　1　0
オ 本の探しやすさ                            5　4　3　2　1　0
カ 館内の検索機（OPAC）の使いやすさ          5　4　3　2　1　0
キ 本や調べものの相談                        5　4　3　2　1　0
ク インターネット利用サービス                5　4　3　2　1　0
ケ コピーサービス                            5　4　3　2　1　0
コ 職員の対応                                5　4　3　2　1　0
```

問5 総合的に見て、大和市立図書館にどの程度満足していますか？ 一番近いと思われるものに○をしてください。

5. 非常に満足　4. やや満足　3. どちらでもない　2. やや不満　1. 非常に不満　0. わからない

問6 図書館を利用した成果として次のようなことを感じになりますか？ 一番近いと思われる項目の番号に○をしてください。

```
                                                          感　わ　感　も　感
                                                          じ　り　じ　し　じ
                                                          る　と　る　か　な
                                                          こ　感　こ　感　か
                                                          と　じ　と　じ　っ
                                                          も　る　も　る　た
                                                          多　　　あ　こ
                                                          い　　　る　と
                                                              　　　　が
                                                              　　　　あ
                                                              　　　　る
ア 探していた情報や知識を得ることができた                  5　4　3　2　1
イ 今まで知らなかった世界や考え方を知り、関心分野が広がった 5　4　3　2　1
ウ 本の探し方や、知識・情報の調べ方が判った                5　4　3　2　1
エ 読書習慣がついた                                        5　4　3　2　1
```

オ 本を読むスピードが速くなった	5	4	3	2	1
カ 面白い本に触れて、充実した時間を過ごせた	5	4	3	2	1
キ 一般教養や幅広い知識を得ることができた	5	4	3	2	1
ク 仕事上の成果向上や、資格取得の役に立った	5	4	3	2	1
ケ 学業上の成績が向上した	5	4	3	2	1
コ 落ち着いて読書や勉強、考え事ができた	5	4	3	2	1
サ 人生が豊かになった	5	4	3	2	1
シ その他（具体的に					）

問7　大和市立図書館について、ご意見ご要望などございましたらご自由にお書きください

以上でアンケートは終了です。ご協力いただき、ありがとうございました
この用紙は入口左手にある回収箱にお願いいたします

第 III 部

図書館員のための
統計の基礎編

図書館員のための統計の基礎

岸田　和明

1．記述統計学と推測統計学

例 1-1 のような図書館における調査例を考えてみます。

【例 1-1】A 図書館が来館者調査を実施し，図書館全体に対する利用者満足度を測定した。満足度は 5 段階とし（「5. 満足」「4. やや満足」「3. どちらともいえない」「2. やや不満」「1. 不満」），1 週間の調査期間中に来館した 16 歳以上の利用者すべてに質問紙を配布して，回答してもらった。

この調査例を統計学的に特徴づけると次のようになります。
① 質問紙（あるいは調査票）によって被験者自らに回答してもらう自計式の調査である。
② 満足度は順序尺度で設定されている。
③ 全数調査ではなく，一定期間の来館者に限定した標本調査である。

質問紙あるいは**調査票**を用いたアンケート形式の調査は一般に幅広く活用されており，図書館評価においても主要な調査手法の 1 つになっています。調査票には，被験者自らが回答する**自計式**と調査員が調査対象に関する記入を行う**他計式**とがあります。あるいは，被験者が回答する部分と調査員が

記入する部分を混在させることもあるようです（例：来館時間や退館時間を調査員が記入）。アンケート形式の調査のほかにも，インタビューによる調査，観察による調査（例：図書館内での座席の利用状況調査）などがありますが，これらにおいても，調査票が重要な役割を果たしています。

次に，上記②に関しては，一般に次のような尺度を考えることができます。

(1) 名義尺度（例：「男」「女」）
(2) 順序尺度（例：「満足」「どちらともいえない」「不満足」）
(3) 間隔尺度（例：摂氏での気温）
(4) 比尺度（例：身長や体重）

名義尺度と**順序尺度**はともに，「男」や「満足」などの分類項目に基づく尺度ですが，順序尺度では項目間に何らかの順序が設定されるのに対して，名義尺度の場合には項目間に順序はありません。統計学の分野では，名義尺度および順序尺度によるデータを**質的データ**と呼んでいます。

一方，**間隔尺度**と**比尺度**はともに**量的データ**です。間隔尺度の場合には原点がなく，割り算に意味がありません（例えば，20℃は−10℃の−2倍とはいえません）。比尺度には原点があり，割り算が可能です（例：体重 80kg は 40kg の 2 倍）。貸出冊数や蔵書冊数など，図書館における量的データのほとんどは比尺度です。比尺度に対してはさまざまな統計分析の手法を適用でき，この点，数量的尺度として優れています。

最後に，上記③の**標本調査**とは，何らかの理由で**母集団**の全体を調べることができないとき，その一部を抽出して，それに対してのみ調査を行うものです（例：視聴率調査）。こ

の方法は一般に広く用いられていますが，残念ながら，その標本から得られた数値が母集団全体に対する数値と同一である保証はありません。例えば，仮に例 1-1 の調査の結果，「80％の人が満足している」という数値が得られたとします。この数値は「調査期間における来館者」(標本)に対するものであって，「A 図書館の来館者全体」(母集団)での数値が「80％」になるとは限りません。

　標本調査の結果から母集団での値を推定するための統計学を**推測統計学**と呼びます。具体的には，信頼区間の推定や検定などの技法が推測統計学の分野で確立しています(後述)。このような技法を適用するには，標本が何らかの方法で「でたらめ(ランダム)」に抽出されていなければなりません。この種の標本は**無作為標本**と呼ばれています。例 1-1 の来館者調査は厳密には無作為標本に基づくものではありませんが，調査時期が何らかの特別な期間でなければ，その来館者集団を無作為標本として扱うこともある程度可能でしょう。

【例2】B 図書館が 1 年間（4 月 1 日～翌年 3 月 31 日）の貸出延べ冊数を NDC 最上位 10 区分別に集計した。

　一方，**例2の場合は全数調査**ということになります。この分析には推測統計学(推定や検定)は基本的には必要なく，**記述統計学**の範囲で十分です。記述統計学では，平均などの統計量のほかにも，度数分布表やグラフが重要な役割を果たします（後述）。

2. 平均, 分散, 標準偏差, 中央値

　ここでは話を簡単にするために, **例1-1** の来館者調査の結果として 5 人の来館者から, **例1-2** のような回答が得られたと仮定します。このとき,「満足」を 5 点,「やや満足」を 4 点,「どちらともいえない」を 3 点,「やや不満」を 2 点,「不満」を 1 点のように点数化し, **平均**を計算すれば,

$$(4+3+3+4+2) \div 5 = 16 \div 5 = 3.2$$

となります。すなわち, A 図書館の利用者満足度の平均は 3.2 です。例えば, あるサービス改善計画の導入前と導入後で満足度をそれぞれ測定し, 導入後にその平均が上昇したならば, その計画はひとまず成功したと解釈できます。

【例1-2】例1-1による来館者調査の結果
回答者1:「4.やや満足」　　　　回答者4:「4.やや満足」
回答者2:「3.どちらともいえない」回答者5:「2.やや不満」
回答者3:「3.どちらともいえない」

　ただし, 厳密には, この平均は母集団での平均 (**母平均**) ではなく, 標本での平均 (**標本平均**) に相当します。このような,

　　　　　順序尺度の点数化　→　平均の算出

という手続きは, 調査結果の集約に便利であり, マクロ的な統計分析にしばしば利用されています。

> 【例3】C図書館における来館者調査による満足度の結果
> （点数化後のデータ，来館者は5人）
> 「開館時間」：1，1，3，5，5
> 「開館曜日」：2，3，3，3，4

しかし，平均という**統計量**は，元のデータがもっている情報をかなり捨ててしまっている点に注意しなければなりません。例えば，**例3**を考えてみます。「開館時間」も「開館曜日」も，ともに平均は3.0で同一です。しかし，両者の回答パターンには大きな差があり，「開館曜日」はほぼ回答が揃っているのに対して，開館時間については「満足」「不満足」に二極化しています。この種の回答の「ばらつき」の相違は平均には反映されません。

データのばらつき（あるいは散らばり）の程度を調べるには，**分散**という統計量が利用できます。これは「それぞれの値から平均を差し引き，それを2乗して合計し，さらにその合計をデータの個数で割ったもの」です。**例3**ならば，

開館時間：$[(1-3)^2+(1-3)^2+(3-3)^2+(5-3)^2+(5-3)^2]\div 5=3.2$
開館曜日：$[(2-3)^2+(3-3)^2+(3-3)^2+(3-3)^2+(4-3)^2]\div 5=0.4$

となります。このように，「ばらつき」という点では両者に差があって開館時間の回答のほうが散らばっていることを，統計量で示すことができます。

なお，標本での分散（**標本分散**）の場合，データの個数そのものではなく，通常，データの個数から1を引いた数（ここでは5－1＝4）で割ります。また，分散の平方根を**標準偏差**と呼びます（例：上記の開館時間ならば，$\sqrt{3.2}=1.78...$）。

簡単にいえば，平均はデータの分布の「中心」，分散（標準偏差）は分布の「散らばり」を示す統計量です。ただし，分布が左右のどちらかに極端に偏っている場合には，**中央値**（**メジアン**）のほうが平均よりも適していることがあります。例えば，相互貸借による利用者への文献の提供に要した日数のデータが**例4**のように与えられたとします。

　中央値は，データを大きさの順に並べたときにその中央に位置する値なので，**例4**ではD分野，E分野ともに4となります。一方，平均については，D分野は左右対称の分布のため，中央値と同じく4.0です。それに対して，E分野では，「15日」という**特異値**（または**外れ値**）に影響されて，平均は6.0になってしまいます。このように中央値は，平均よりも特異値や外れ値に影響を受けにくく（統計学では「頑健である」といいます），図書館パフォーマンス指標でも活用されています。

【**例4**】相互貸借による文献の提供に要した日数
D分野（7冊分）：3，3，3，4，5，5，5
E分野（5冊分）：3，3，4，5，15

　なお，データが奇数個の場合には，**例4**のように自動的に中央値が確定しますが，偶数個の場合には中央に位置するデータが存在しないので，中央寄りの2つの値の平均を中央値とすることが多いようです。例えば，データの個数が4で，その値が「3，3，4，5」ならば，中央値は「$(3+4)÷2=3.5$」となります。

3. 分布とグラフ

　結局のところ，分布が最も多くの情報をもっており，記述統計学の範囲では，表またはグラフを活用して，この分布を把握することが分析の第一歩となります（もちろん，平均や分散などの統計量も使用されます）。ここでの分布とは，より正確には**度数分布**であり，例えば，例3のデータならば，度数分布を**表1**のように集計できるわけです。この場合には，回答者の人数が「度数」に相当し，例えば「開館時間」に対して「5.満足」と回答した人が2人であることを**表1**は示しています。なお，**表1**には百分率（％）も表示してあります。百分率（割合）に換算した度数分布を**相対度数分布**と呼びます。

表1　度数分布の例：「例3」の利用者満足度（単位：人）

	開館時間（％）	開館曜日（％）
5. 満足	2　（40％）	0　（ 0％）
4. やや満足	0　（ 0％）	1　（20％）
3. どちらともいえない	1　（20％）	3　（60％）
2. やや不満	0　（ 0％）	1　（20％）
1. 不満	2　（40％）	0　（ 0％）
合　　計	5（100％）	5（100％）

注：ただし，たかだか合計5人のデータに対して，詳細な％を算出しても，それほど意味はないことに注意。

　この度数分布あるいは相対度数分布を，適当なグラフ（例えば，棒グラフ，折れ線グラフ，円グラフなど）を使って表

示すれば,その傾向やパターンを視覚的に把握することができます。特に,質的データ(名義尺度や順序尺度)の場合,分布やグラフでの分析は重要です。これまで,順序尺度を点数化して,あたかも量的データ(比尺度)のごとく平均や分散を計算する方法を例示してきましたが,本来的には,名義尺度や順序尺度は比尺度ではありません。原理的には,順序尺度を点数化して平均や分散を計算するには,

(1) 各項目の間が量的に等間隔である(例えば「満足」と「やや満足」との間の距離は「やや満足」と「どちらともいえない」との間の距離に等しい),

(2) 原点(0)が存在する(例えば,「4. やや満足」は「2. やや不満」の2倍),

という2つの仮定が必要になります。したがって,この仮定が成立しない状況では,この種の点数化から問題が生じる可能性も否定できません。この点で,名義尺度や順序尺度の場合,度数分布での分析を含めることも検討すべきでしょう(最終的な報告書や論文に,多数の冗長な表を含めるかどうかは別問題として)。

4. 確率と確率分布

百分率の計算方法を復習しておくと,例えば**表1**の「開館時間」の「5. 満足」の場合には,

$$2 \div 5 \times 100 = 40\%$$

と計算されています。ここで,もし「×100」を省略するならば,計算結果は「0.4」になります。この場合に値がとりうる範囲は理論的には0.0〜1.0であり,その相対度数分布

を**確率分布**と同一視できることになります。

　確率は厳密にはたいへん難しい数学的概念ですが，実用上は（少なくとも図書館評価においては），ごく簡単に考えておけば十分です。例えば，6面のサイコロを投げたときに「1の目の出る」確率は，単純に1/6と考えておけばよいわけです。理論的には，確率の値は0.0以上1.0以下でなければならず（したがって，例えば「確率120％」はありえません），また，すべての確率を合計すると1になるという性質があります。実際，「1の目の出る確率」から「6の目の出る確率」までをすべて足し合わせれば1になります。

　ここでのサイコロを投げる例では，「1の目」や「6の目」などが**確率変数**に相当しています。すなわち，確率変数としてとりうる値が「1の目」から「6の目」まで6個あり，それぞれに1/6という確率が対応していることになります。この意味では，確率分布とは，「確率変数のそれぞれの値に対応した確率の値」を指しているわけです。さらに数学的な記号を使えば，変数 x が確率変数のとき，それに対応した確率の値 P(x) が確率分布に相当します。

　なお，サイコロの例のように確率変数のとりうる値が有限個に限定される場合，確率変数は「**離散的**」であるといいます。そして，それに対応する確率分布を**離散確率分布**と呼びます。一方，確率変数が無限個の値をとることもあります。例えば x を体重とするならば，「無限に高性能」の体重計を用意できれば，その値は x = 62.191324... (kg) のように，理論的には，無限に存在することになるでしょう。この場合，確率変数は「**連続的**」であるといい，それに対応する確率分布を**連続確率分布**と呼びます。

確率分布には数多くの種類がありますが，離散確率分布の代表例は**2項分布**であり，連続確率分布の代表例は**正規分布**です。ともに，推測統計学では欠かせない分布です。

5．推測統計学(1)：標準誤差

　すでに述べたように，母集団の全部を調べることができない場合，その一部を標本として抽出し，それに対して調査を実施せざるをえません。このための抽出方法にはさまざまなものがありますが（後述），その基本は**単純無作為抽出**です。これは，例えば住民調査を例にするならば，全住民に対して番号をあらかじめ付与しておき，**乱数表**を使って調査対象を選択する方法です（コンピュータで**擬似乱数**を発生させることもあるようです）。乱数表には完全にでたらめ（ランダム）に数字が並んでおり，適当な始点からはじめて，順番に数字を拾っていきます。そして，その数字に該当した番号をもつ人が標本として選ばれることになります。

【例5】全住民が15人の自治体での各人の図書館満足度（母集団）

No.	満足度	No.	満足度	No.	満足度
001	3	006	3	011	3
002	3	007	4	012	1
003	4	008	5	013	4
004	5	009	3	014	4
005	2	010	4	015	3

ここでは，この標本調査について考察するために，仮想的に，ある自治体の住民が「全部で 15 人」であり，図書館に対する各人の満足度が**例 5** のようになっていたと仮定します。この満足度の平均（すなわち母平均）は 3.4 です。このとき，住民 15 人全員に対して調査を行うのではなく，標本調査として，仮に 3 人だけを抽出して満足度を集計したとすればどのような結果が得られるのかを，1 つの机上の模擬実験として考えてみます。このときの標本に含まれるデータの個数（ここでは「3」）を**標本サイズ**（あるいは**標本の大きさ**）と呼びます。

　母集団 15 人の中からまず No.001 ～ 003 の 3 人が抽出されたとします。この場合の標本平均は，

　　　No.001，002，003： $(3+3+4)\div 3 = 3.333...$

となり，母平均との差は $3.4 - 3.33... = 0.777...$ です。この種の「ずれ」を**標本誤差**と呼びます。標本調査ではこのようなずれが多かれ少なかれ生じているわけです。

　続いて，その他の標本における平均を計算してみると，

　　　No.001，002，004： $(3+3+5)\div 3 = 3.666...$
　　　No.001，002，005： $(3+3+2)\div 3 = 2.666...$
　　　No.001，002，006： $(3+3+3)\div 3 = 3.0$
　　　　　　　...
　　　No.013，014，015： $(4+4+3)\div 3 = 3.666...$

のようになります。現実の標本調査では，このうちのどれか 1 つの標本に当たることになり，運がよければその標本平均は母平均に近く，運が悪ければ大きく外れてしまうことになります。これが標本調査の実状です。

　ここでの実験では**例 5** の 15 人から 3 人ずつ抽出して標本

を構成したので，全部で455通りの標本を得ることができます（15個から3個を選ぶ組み合わせは455通りなので）。したがって，455個の標本平均が存在するわけですが，それらの平均（すなわち**標本平均の平均**）が母平均に一致することは，比較的簡単に証明できます。すなわち，この場合，
$(3.333... + 3.666... + 2.666... + 3.0 + \cdots + 3.666...) \div 455 = 3.4$
となるわけです。

同様に，455個の標本平均に対する標準偏差，すなわち，
$[(3.333... - 3.4)^2 + (3.666... - 3.4)^2 + \cdots + (3.666... - 3.4)^2] \div 455$
も理論的に求めることができて，これは「（母集団の標準偏差）÷（標本サイズの平方根）」にほぼ一致します。

この「（母集団の標準偏差）÷（標本サイズの平方根）」という統計量は**標準誤差**と呼ばれ（「標本誤差」と混同しないよう注意），統計学的にはたいへん重要な意味をもっています。なぜなら，すでに述べたように，この標準誤差が小さいということは，「標本平均の標準偏差」が小さいということであり，これは，「標本平均のばらつき」が小さいことを意味するからです。「標本平均のばらつき」が小さければ，並外れて「運の悪い」標本に当たる確率が小さくなると期待できます。しかも，「標本平均の平均」は母平均に一致しますので，標準誤差が小さいほど，母平均に近い標本平均の得られる確率が高くなるわけです。すなわち，「標準誤差が小さいほど標本平均の信頼度は向上する」ことになります（**信頼度**は，調査を反復した場合に結果がばらつかない程度を意味します）。

それでは，この標準誤差を小さくするにはどうすればよいのでしょうか。標準誤差の式をもう1度見ると，「（母集団の標準偏差）÷（標本サイズの平方根）」なので，

①　分子の「母集団の標準偏差」が小さい場合
②　分母の「標本サイズ」が大きい場合

のどちらかの場合に，必然的に標準誤差は小さくなります。しかし，このうち①「母集団の標準偏差」は母集団そのものの性質であって，調査者がその値を変更することはできません。したがって，②の標本サイズを大きくすることが，標本平均の信頼度を高めるための具体的な方策となるわけです。

6．推測統計学(2)：信頼区間の推定

(1)　正規分布による信頼区間の推定

　さらに，統計学の理論によれば，標本がある程度大きければ，標本平均の分布を正規分布で近似することができます。これを**中心極限定理**と呼びます。中心極限定理は推測統計学の基礎を成す最も重要な定理です。

　この中心極限定理を活用すれば，次の結論を得ることができます。

「無作為標本による調査を実施したときに，その標本平均の値を中心として，その両側に「1.96×標準誤差」の幅の区間をとれば，95％の確率で，その区間内に母平均が入っている。」

母集団に対する調査が不可能という理由で標本調査を試みているので，母平均の値は絶対にわからないにもかかわらず，推測統計学の理論を使うと，「母平均がある一定の確率で収まっている区間」だけは**推定**できるわけです。上記の区間を

母平均に対する 95%信頼区間と呼びます。

> 【例6】利用者満足度に関する標本調査の結果
> 　　標本平均：3.5　標準誤差：0.14

　例えば，利用者満足度に関する標本調査の結果，**例6** のような数値が得られたとします。この場合，「1.96×標準誤差」の値は 1.96×0.14 = 0.2744 なので，下は 3.5 − 0.2744 = 3.2256，上は 3.5 + 0.2744 = 3.7744，すなわち，

　　　　　95%信頼区間：　3.2256 〜 3.7744
となります。標本平均 3.5 が母平均に対する**点推定**であるのに対して，これは**区間推定**ということになります。

　ここで「95%」の意味は，仮に標本を 100 回抽出したならば，そのうちの 95 回程度はその区間内に母平均がうまく収まるということです。逆にいえば，母平均が区間内に収まらないという意味での「はずれくじ」を引く（「運の悪い」標本に当たる）確率が 5% も残っています。そこでもし，この確率を 1%（つまり 100 回に 1 回程度）にしたいのならば，**99%信頼区間**を構成する必要があります。この場合には，上記の 1.96 という数値を 2.58 に入れ替えます。すなわち「1.96×標準誤差」の値は 2.58×0.14 = 0.3612 となり，下は 3.5 − 0.3612 = 3.1388，上は 3.5 + 0.3612 = 3.8612 ですので，

　　　　　99%信頼区間：　3.1388 〜 3.8612
のように計算されます。より確実なことをいおうとするので，当然その分，95% の場合よりも区間の幅が広くなっているわけです（上で計算したように 95% の信頼区間は「3.2256 〜 3.7744」）。

(2) 小標本による信頼区間の推定

　上記の**例6**では標準誤差を0.14と仮定しました。この標準誤差をもう1度復習すると，「(母集団の標準偏差) ÷ (標本サイズの平方根)」です。実は多くの場合，分子の「母集団の標準偏差」は母平均と同様に未知なので，本来は，これについても何らかの方法で推定しなければ，信頼区間を計算することはできません。

　ところが，上記の「1.96」と「2.58」を使った計算（すなわち正規分布に基づいた計算）では，これを推定せずに，「母集団の標準偏差は既知」と仮定しています。母集団の標準偏差は数学的には母集団の分散（すなわち**母分散**）と等しいので，この仮定は「母分散既知」とも呼ばれますが，実際には母分散が既知であることはそう多くはなく，正規分布に基づいて計算する場合には，標本分散を求めて，「標本分散を母分散と同一視する」という方法をとらざるをえません。これは**大標本法**と呼ばれ，標本がある程度大きければ（例えば25以上），妥当であるといわれています。

　一方，他の方法として，「母分散未知」を仮定して，標本分散を母分散の推定量として考える場合があります。このときには，基礎となる確率分布は**t分布**となり，標本サイズによって，区間の計算式中の「1.96」や「2.58」に相当する数値が変化します（t分布は「**自由度**」と呼ばれるパラメータをもっており，「標本サイズから1を引いたもの」がこの自由度に相当するためです）。

　標本が小さいために大標本法を適用できない場合には，t分布に基づく方法を使わざるをえませんが，厳密には，この方法が成立するには「母集団が正規分布に従う」という別の

仮定が要求される点に注意する必要があります。したがって，現実的な図書館評価の場合には，十分な大きさの標本（例えば100以上）を確保して，単純に大標本法を適用するのがよいように思われます。

(3) 信頼区間計算（区間推定）のための手順

大標本法による母平均に対する95％の信頼区間の計算のための手順を，利用者満足度の標本調査を例にとって整理しておくと，以下のようになります。

① 標本調査によって，満足度を測定する（1点～5点）。
② 標本平均と標本分散を計算する。
③ 標本分散を母分散と同一視し，その平方根を「標本サイズの平方根」で割って，標準誤差を求める。
④ 上記③の数値に1.96を掛ける。
⑤ 標本平均から上記④の数値を引くことによって区間の下限を計算する。また，その数値を足すことによって区間の上限を計算する。

なお，専門機関等に調査と集計を委託した場合には，標本平均の値とともに，標準誤差の大きさを教えてくれるはずなので（あらかじめ見積りに入れておく必要はあるかもしれませんが），それを用いて，④以下を計算すればよいわけです（つまり①～③は不要）。ここまでの説明では単純無作為抽出を仮定していますが，実際の住民調査等の場合には，より複雑な方法をとらざるをえないことが少なくありません（後述）。この場合には，標準誤差の計算法が異なってくるので，この点，自分で標準誤差を計算せずに，調査会社等からの値を用いるのがよいでしょう。

7．推測統計学(3)：仮説検定

(1) 仮説検定の概要

　図書館評価の現場では，信頼区間の推定に比べれば，検定が利用されることはそう多くはないと予想されます。そこで，ここでは，その基本的なことがらだけをまとめておきます。

　統計的な**仮説検定**では，**帰無仮説**と呼ばれる一種の仮定をおき，実際のデータからその仮説が**棄却**されるか，**採択**されるかを判断します。後述するように，通常，仮説は棄却されたほうが好ましく，その結果，帰無仮説の論理的否定が結論として得られることになります。例えば，「サービス改善計画の導入前と導入後とでは満足度に差はない」という帰無仮説が棄却されれば，「サービス改善計画の導入前と導入後とでは満足度に差がある」という結論が，一定の確からしさをもって得られるわけです。

　仮説検定の例として，**平均値の差の検定**を考えてみます。具体的には**例7**の状況を仮定します。このデータから，「開館時間」についての主婦の満足度と会社員の満足度とが，母集団において等しいかどうかを検証してみます。標本平均では両者の差は0.5であり，ゼロではありません（つまり差がある）。この標本平均での結果が母集団においても適用できるかどうかを仮説検定によって確認することがここでの目的です。

> 【例7】「開館時間」の満足度についての結果
> 　　　標本平均：主婦−3.4，会社員−2.9
> 　　　標準誤差の2乗：主婦−0.02，会社員−0.04

　すでに述べたように主婦と会社員の標本平均の差は0.5です。また，標準誤差についてはそれぞれ別個に計算して，その「2乗」が0.02（主婦），0.04（会社員）となっています。この場合，統計学の理論より，帰無仮説「母集団における両者の平均の差はゼロ」の下で，次の量は**標準正規分布**に従います。

$$0.5 \div \sqrt{0.04 + 0.02} = 2.0412\ldots$$

ここで，標準正規分布とは，その平均が0，標準偏差が1の特別な正規分布です。したがって，帰無仮説が正しい場合に値「2.0412...」が得られる確率を，標準正規分布を使って理論的に求めることができるわけです。実際，後述するように，その確率は0.05（5％）よりも小さくなります。すなわち，「非常にまれにしか起こらないはずの事象（データからの計算値が2.0412...であること）が，たった1回の試行で起こってしまった」ことになるわけです。その原因としては，

(1)　帰無仮説が元々間違っていた

(2)　まれにしか起こらないことがたまたま生じた

の2つが考えられますが，(2)の確率は0.05（5％）以下に抑えてあるため，この場合には(1)を主原因と考え，**有意水準5％で帰無仮説を棄却**することになります。

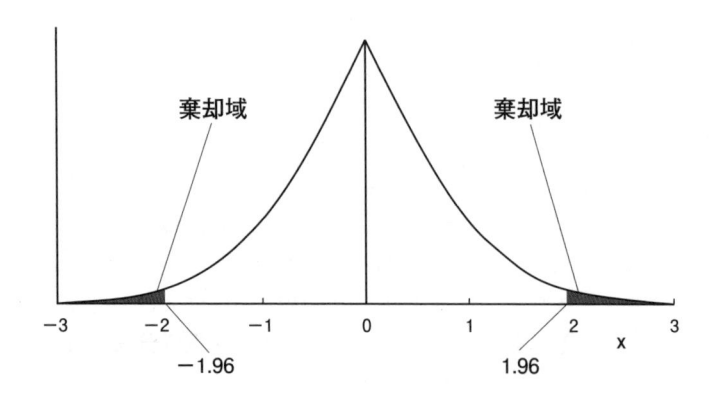

図1 標準正規分布の棄却域（有意水準5%）

　正規分布は図1に示すような形状をしていますが，すでに説明したように連続確率分布なので，その曲線に囲まれた面積の大きさが確率に相当します。標準正規分布の場合，x軸の値が1.96よりも右側の領域の確率（面積）が0.025となります。同様に，−1.96よりも左側の領域の確率（面積）も0.025であり，合計して 0.025 + 0.025 = 0.05（5%）です。このような領域を**棄却域**と呼び，この場合には，分布の両側に棄却域が設定されているので**両側検定**と呼ばれます（片側のみに棄却域を設定した**片側検定**が使われることもあります）。ここでの値「2.0412...」は5%の両側検定の棄却域に落ちています。したがって，有意水準5%で帰無仮説が棄却されることになるわけです。結果的に，帰無仮説「母集団における両者の平均の差はゼロ」が否定され，「主婦と会社員の母集団では開

館時間の満足度に差がある(ゼロでない)」という結論が,有意水準5%で得られることになります(なお,ここでの例でも大標本法を適用して,標本分散と母分散とを同一視している点に注意してください)。

(2) 第1種の過誤と第2種の過誤

仮説を棄却する根拠は,すでに述べたように,「まれにしか起こらないことが起こったので仮説は正しくないだろう」という推測ですが,当然,まれなことが偶然生じた可能性も残っています。この場合には棄却という判断は誤りであることになります。これを**第1種の過誤**といいます。この第1種の過誤は幸い調査者が制御できるので,通常,5%や1%のような小さな値に設定しておきます。**例7**では,有意水準5%の検定とするために1.96と−1.96の外側を棄却域として設定しましたが,「1.96と−1.96」の代わりに「2.58と−2.58」を使えば,有意水準1%の検定になります。この場合には第1種の過誤の確率が0.01(1%)となるわけです。

例7のデータでは,有意水準1%の検定のときには仮説は棄却されず,採択されることになります(「2.0412…」は有意水準1%の棄却域には落ちません)。仮説を採択した場合にも,同様に,「仮説を正しいとしたけれども,実際には,仮説は正しくなかった」という誤りが生じている可能性があります(**表2**参照)。これを**第2種の過誤**といいます。第1種の過誤はその大きさを調査者が制御できるのに対して,第2種の過誤の確率は不明です。大きいかもしれないし,小さいかもしれません。したがって,この点では,最終的結果が「採択」ではなく,「棄却」となる検定が望ましいことになります。

表2　第1種の過誤と第2種の過誤

	実は仮説が誤り	実は仮説が正しい
仮説を棄却	（正しい判断）	第1種の過誤
仮説を採択	第2種の過誤	（正しい判断）

　なお,「1から第2種の過誤の確率を引いたもの」を**検出力**と呼びます。当然, 検出力が大きい（すなわち第2種の過誤の確率が小さい）ことが好ましいわけです。すでに述べたように, この大きさは明示的に制御できませんが, 標本が大きくなれば検出力は自然に増加します。

　この点, **例7**における仮説は厳密には,「差がない」というよりも,「差がゼロである」ことを意味している点に注意する必要があります。もし標本が大規模ならば検出力が高まり, 母集団での値がわずかにゼロからずれているだけでも, 帰無仮説が棄却される可能性があります。この場合に,「ゼロでない」という結論はもちろん正しいわけですが, その一方, 一般的な意味での「差がある」とまでいえるかどうかは慎重に検討すべきです。

8．データの分析法

　図書館評価のために収集したデータをさまざまな角度から分析することにより, サービス・業務改善のための手がかりを得ることができるかもしれません。もちろん, ここまで述べてきた基本的な統計量の算出, 度数分布やグラフの作成, 推定・検定もそのための有用な方法ですが, ここでは, その

他の分析法のいくつかを紹介します。

表3　貸出延べ冊数の分野別・学部別集計（例）

	\multicolumn{10}{c}{NDC最上位10区分}	合計
	0	1	2	3	4	5	6	7	8	9	
文学部	32	34	45	9	10	18	15	7	23	32	225
法学部	43	12	10	40	24	25	13	3	24	12	206
経済学部	12	10	12	32	25	23	11	2	32	22	181
合　計	87	56	67	81	59	66	39	12	79	66	612

（1）クロス集計表

データ分析の基本は**クロス集計表**です。例えば，**表3**は，ある大学図書館における貸出統計（貸出延べ冊数）を図書の分野別・利用者の所属学部別に集計した例です。貸出冊数やレファレンス件数などを何らかの属性によってクロス集計することで，傾向やパターンを明らかにすることができるかもしれません。なお，**表3**におけるNDC10区分の部分を**表頭**（ひょうとう），学部の部分を**表側**（ひょうそく）と呼ぶことがあります。

図書館員のための統計の基礎………101

(2) 2つの変数間の関係の分析

場合によっては，2つの変数間の関係を分析したいことがあります。ここでは，

① 2つの変数がともに量的（比尺度）である場合
② 2つの変数がともに質的（名義尺度や順序尺度）である場合

の2つを考えます。

【例8】ある図書館における5つの分野（A～E）の蔵書回転率と相互貸借の請求（借受）件数（1年間）

	A分野	B分野	C分野	D分野	E分野
(a) 蔵書回転率	1.2	0.8	0.3	2.4	1.4
(b) 借受件数	10	20	3	23	14

例8は，ある図書館におけるA～Eの5つの分野についての(a)蔵書回転率と(b)相互貸借での借受件数のデータです。蔵書回転率は「貸出延べ冊数÷蔵書冊数」で定義されます。ここでの分析対象である変数(a)も変数(b)も，ともに比尺度であり，このような場合には，**相関図（散布図）**での分析が基本になります。例8のデータの相関図を**図2**に示します。

相関図からは，全体的な傾向として，蔵書回転率が高くなるほど，それに応じて借受件数も増加していることがわかります。このような場合，変数間に**正の相関**があるといいます。逆に，一方の変数の増加に伴って，他方の変数が減少する場合には，**負の相関**があることになります。

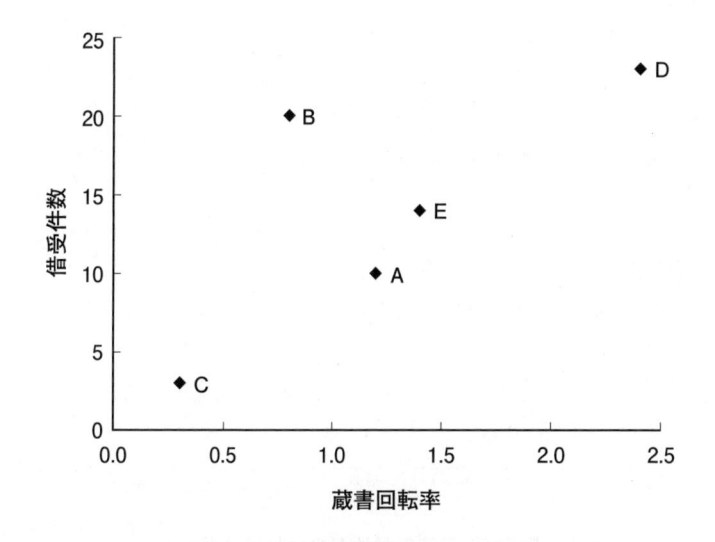

図2 蔵書回転率と借受件数の相関図

　このような**相関関係**を分析するために，**相関係数**という統計量を算出することもあります。相関係数は−1.0〜1.0の範囲をとり，1.0の場合に最も正の相関が強く，0.0の場合が無相関，−1.0の場合に負の相関が最も強いことを示します。**例8**のデータでの相関係数は約0.73です。

　なお，**図2**では，B分野が外れ値となっています。B分野では，蔵書回転率が比較的低いのに対して，借受件数がかなり多くなっています。このことは，B分野の選書に何らかの問題があることを示唆していると解釈できるかもしれません。

　一方，**例9**は「開館時間」の満足度と回答者属性（主婦

と会社員)との間の関係を調べた結果です。順序尺度を比尺度に変換して**例7**のように分析することもできますが,**例9**では,5段階評価を,「満足」「やや満足」と回答した人とそれ以外に回答した人の2段階に圧縮しているものの,基本的には,データを順序尺度のまま取り扱っている点に注意してください。

【例9】「開館時間」の満足度調査の結果
○「満足」「やや満足」と回答した人数：主婦24人,会社員9人
○「どちらともいえない」「やや不満」「不満」と回答した人数：主婦10人,会社員12人

表4 満足度と回答者属性との分割表（単位：人）

	「満足」「やや満足」	それ以外	合　計
主　婦	24	10	34
会社員	9	12	21
合　計	33	22	55

　例9のようなデータの場合,**分割表**を作成すれば,変数間の関係を分析できます。**例9**のデータから作成した分割表を**表4**に示します。表4の内側のセルは「2×2＝4個」なので,**表4**を2×2分割表と呼びます。その4個のセルの外側は合計欄です。
　表4のような分割表を使って,2つの変数間の関連の有無

を調べる方法の1つとして**独立性の検定**があります。**表4**の合計欄から，主婦は全部で34人，会社員では21人が回答しており，また，「満足」「やや満足」と答えた人が合計33人，それ以外の回答をした人が22人いたことがわかります。もし，満足度と回答者属性が「完全に独立（無関係）」ならば，「満足」「やや満足」と回答する主婦は，主婦の割合が34÷55，「満足」「やや満足」の割合が33÷55なので，

$$55 \times (34 \div 55) \times (33 \div 55) = (34 \times 33) \div 55 = 20.4 \text{（人）}$$

になると予想できます。実際のデータではこれは24人であり，差があるわけですが，ここで次の量を計算してみます。

$$(24 - 20.4)^2 \div 20.4 = 0.635294...$$

この量は，2つの変数が独立という仮定の下での予測値（**期待値**）と現実との乖離を示すと解釈できるので，もし実際に変数間に関連があれば，その分，大きくなるはずです。他の3つのセルについても同様に計算し，それらを合計すると，約4.16となります。

統計学の理論によれば，この合計値は，「2つの変数が独立」という帰無仮説の下で，自由度1の**カイ2乗分布（χ^2分布）**に従います。この分布での有意水準5%の棄却域は3.84以上なので，「約4.16」という値は棄却域に落ちることになります。したがって，「2つの変数が独立」という帰無仮説は有意水準5%で棄却され，結果的に2つの変数間に関連がある（満足度は回答者属性によって異なる）ことが結論できるわけです。

以上が独立性の検定（カイ2乗検定）の概要です。**表4**は2×2の分割表ですが，2×3，あるいは3×4のようにセルの数が増えても検定できます。ただし，この検定の場合，1つのセルの期待値（期待度数）がおおよそ5以上であることが

必要であり，度数の少ないセルは他のセルと併合して期待度数を5以上にする必要があります。

(3) 多変数間の関係の分析

多変数間の関係を分析するには，**多変量解析法**を使うことができます。具体的には，重回帰分析，主成分分析，因子分析，クラスタ分析，共分散構造分析などがあります。

9．統計的な調査の実際

(1) 現実的な標本抽出法

人口50万人の都市において，住民調査を実施する場合の標本抽出について考えてみます。ここでは，500人の住民に質問紙を郵送し，それに記入後，返送してもらう方法を仮定します。推測統計学の技法を適用するには，住民基本台帳等を使って，この500人を「無作為」に選ぶ必要があります。しかし，50万人の中からこれらを単純無作為抽出することは面倒な作業です。50万人に番号を付与し，500回乱数を発生させ，それらの人々の送付先を個別に調べていかなければならないからです。

系統抽出法は，1回だけ乱数表を使って始点を決め，あとは，等間隔に対象を選んでいく方法です。50万÷500＝1000なので（これを**抽出間隔**といいます），1～1000の範囲内でまず乱数を発生させます。例えば，その乱数の値が760であったならば，760, 1760, 2760, ..., 499760番目の人々が標本として自動的に選ばれることになります。この方法を使う場合，調査目的に照らして，母集団のリスト（「**枠（フレーム）**」

と呼ばれます）での並び順がランダムでなければなりません。

　さらに，抽出を容易にするために，**多段抽出法**を使うこともできます。例えば，第1段階で町丁を抽出し，第2段階で，その町丁の中から個人を抽出すれば，実際の抽出作業はかなり容易になるでしょう。第1段階での抽出対象（この例では町丁）を一般に**集落**（クラスタ）と呼びます。

　集落を抽出する際にも単純無作為抽出である必要はなく，一般に，**層別抽出法**や確率比例抽出法が利用されているようです。層別抽出法は母集団をいくつかの均質な層に分け，各層からそれぞれ標本を抽出する方法です。一方，**確率比例抽出法**では，その集落の大きさに応じて選ばれる確率を変えながら抽出を行います。

　実際には，母集団の規模や性質，調査の目的に応じて，これらの抽出法が組み合わされて使用されます。この場合，すでに述べたように，単純無作為抽出の場合とは，標準誤差の計算が若干異なってくるので，注意が必要です。

(2) 非標本誤差

　ここまで述べてきたように，標本誤差（あるいは標本抽出誤差）に対しては，推測統計学の技法（推定や検定）を適用すればある程度の対処が可能です。一方，次のような原因から，標本誤差以外の誤差が生じることがあります。

① 無回答
② 質問内容の誤解・曲解

これらを**非標本誤差**と呼び，場合によっては，標本誤差よりも大きな影響を調査結果の精度に与えることがあります。

　無回答には，調査票全体が回収されない場合と，ある特定

の項目のみが無回答の場合とがあります。特に，郵送法の場合，一般に回収率が低くなります。そのため，回収率を上げるために，督促や，回答に対する謝礼を出すなどの工夫が欠かせません。また，来館者調査の場合にも，回答を拒否する人がいるので，同様の問題が生じる点に注意する必要があるでしょう。

　例えば，回収率60％の住民調査において，図書館全体の満足度が平均4.0だったとします。ここで，残り40％の無回答者の満足度が平均3.0であったと仮定すれば，満足度（の標本平均）は実際には，

$$4.0 \times 0.6 + 3.0 \times 0.4 = 3.6$$

だったことになります。通常は，「回答者層と無回答者層との回答の傾向は同じ」と仮定して，実際に回答された分だけを分析対象としますが，回答者と無回答者とでその傾向が異なると予想される場合には，厳密には，無回答者に対して何らかの追跡調査を実施して確認するのが望ましいということになります。もし，無回答者から単純無作為抽出を行い，その標本中の全員から新たに回答を得ることができたならば，統計学における**副標本**の理論を適用して，標本分散等を推計することも可能です。

(3) 質問紙の設計

　一方，項目無回答や質問内容の誤解・曲解を防ぐには，質問紙（調査票）を十分に洗練させる必要があります。例えば，図書館のレファレンスについての満足度を尋ねるときに，質問紙でそのまま「レファレンス」という専門用語を使ってしまうと，多くの利用者がその意味を理解できないと予想され

ます。この結果，その質問項目が無回答となったり，レファレンスとは無関係なものに対する回答が混入してしまったりする可能性が高くなります。その他，例えばレファレンスやインターネット端末などについての満足度を尋ねる場合,「利用したことがない」のような選択肢を含めておかないと，無回答あるいは無理な回答を誘発することになるかもしれません。

以上の「専門用語を使わない」「選択肢は網羅的に」のほか，質問紙の設計では，次のような点にも気をつける必要があるでしょう。

① 不必要な質問は含めず,全体的に質問量を抑えること。
② 回答を誘導するような質問は避けること（例えば，蔵書のよい点を列挙してもらってから，蔵書の満足度を尋ねるなど）。
③ 1つの質問に複数の内容を盛り込まないこと(例えば，「本や雑誌，新聞について満足していますか」のような質問は避ける)。
④ 「はいと答えた人は問2にお進みください」のような分岐を使う場合には，回答者が途中で「迷子」にならないよう十分に配慮する。

これらは，注意すべきことがらのほんの一部にすぎません。来館者調査や住民調査の質問紙を設計する場合には，細心の注意と予備テストが重要です。

10. 図書館評価のための統計的調査

(1) 図書館パフォーマンス指標

国際標準化機構（ISO）が制定した ISO 11620「図書館パフォーマンス指標」（JIS X 0812 が対応）は，図書館評価に用いるための指標のガイドラインであり，2003 年のその改訂版では，**表5**に示すような評価指標が規定されています。これらの指標は，その算出に必要なデータの集計方法の点で，次の 3 つに大別できます。

① 業務統計として集計が可能なもの。
② 利用者の協力なしに図書館員が調査できるもの。
③ 利用者へのインタビューまたはアンケート調査を伴うもの。

例えば，①には，「蔵書回転率」などの資料貸出に関する指標が含まれます。また，資料出納や整理業務に関する指標，あるいは「図書館間貸出の迅速性」なども，業務統計としてのデータ作成が可能な場合もあるかもしれません。**業務統計**は一般に低費用で集計でき，しかも多くの場合，全数調査です。この点で，図書館評価にはたいへん便利です。

一方，「座席占有率」や「タイトル利用可能性」などは，上記②に該当します。「座席占有率」の場合には，館内の座席がどれだけ利用されているかを観察調査します。「タイトル利用可能性」は，図書館所蔵資料の中から何点かを無作為抽出し，それが実際に利用可能かどうか（貸出中，修理中，紛失などの理由で利用できないということはないか）を図書館員が確認することによって算出します。

最後の③としては「利用者満足度」や「要求タイトル利用

可能性」などが挙げられます。利用者満足度を算出するには，すでに述べているように，住民調査や来館者調査を通じて，**調査統計**として，データを収集する必要があります。

表5　ISO 11620（2003年版）で規定されている評価指標

サービス，活動	パフォーマンス指標
利用者の意識	利用者満足度
サービス提供業務	
全般	特定サービス対象者の利用率，利用者当たり費用，人口当たり来館回数，来館当たり費用
資料の提供	タイトル利用可能性，要求タイトル利用可能性，要求タイトル所蔵率，要求タイトル一定期間内利用可能性，人口当たり館内利用数，資料利用率，利用されない資料の所蔵率，配架の正確性
資料出納	閉架書庫からの資料出納所要時間（中央値），開架からの資料探索所要時間（中央値）
資料貸出	蔵書回転率，人口当たり貸出数，人口当たり貸出中資料数，貸出当たり費用，職員当たり貸出数，所蔵資料の貸出率
外部機関からの資料提供	図書館間貸出の迅速性
レファレンスサービス	正答率
情報探索	タイトル目録探索成功率，主題目録探索成功率
施設	設備利用可能性，設備利用率，座席占有率，コンピュータシステム利用可能性
整理業務	
資料の受入	受入に要する期間（中央値）
整理	整理に要する期間（中央値）
目録	タイトル当たり目録費用
利用者サービス	人口当たり利用者サービス従事職員数，職員の利用者サービス従事率

なお，ISO 11620に関連する国際規格として，ISO 2789「図書館統計」（JIS X 0814 が対応）があります。これには，統計を集計する場合のサービスや業務などの具体的な定義（**操作的定義**とも呼ばれる）が規定されています。例えば，「座席」は「読書又は調査研究を目的とする利用者に提供される座席」と定義されており，さらに，個別閲覧室やセミナー室，学習室などにある座席も含めることが注記されています。このような統計上の操作的定義の明確化によって，それから計算された評価指標の値を図書館間で厳密に比較することが可能になります。

　もちろん，統計をとる際の操作的定義の明確化の重要性は，単なる比較のためだけに留まりません。調査したい概念（例：「座席」のような**抽象概念**）についての操作的定義があいまいな場合，調査結果の信頼性が低下してしまいます。さらに，調査したい概念に対して操作的定義があまりにも限定的だったり，ずれていたりすると，調査結果の**妥当性**に疑義が生じるということになりかねません。

(2) 住民調査と来館者調査

　実際の住民調査は郵送法による標本調査になる場合が多く，このためにはすでに述べたように，複雑な標本抽出が必要です。また，それに伴って標準誤差の計算も難しくなります。このため，専門機関等に委託するのが現実的でしょう。

　一方，来館者調査は，基本的には，ある期間を決めて，入館時に利用者に質問紙を渡し，退館時にそれを回収すればよく，図書館員が実施することも可能でしょう。もちろん，調査会社等に委託したり，あるいはデータ入力のみ外注するこ

ともできると思われます。

　来館者調査の場合，原理的には，調査期間における全数調査となります。しかし，調査期間以外をも含めた全来館者を母集団として考えるときには，一種の標本調査に相当します。もちろん，来館者調査によるデータは無作為標本によるものではありませんが，調査期間に特別な偏りがなく，標本としての代表性をある程度想定できれば，単純無作為標本として推定・検定を試みる価値はあるでしょう。

　このとき，公共図書館の場合，調査曜日による偏りが問題になることがあります。その図書館の立地条件や環境にも依存しますが，多くの場合，平日と休日とでは来館者の特徴が異なると予想されます。その結果，満足度などの評価に相違が生じるかもしれません。

　もちろん，これを防ぐには，調査期間を1週間とすればよいわけです。この場合，すべての曜日が対象となり，曜日による偏りは起こりえません。しかしその一方，大規模な図書館ならば，1週間もの調査によって膨大な数の質問紙が回収されることになるでしょう。この結果，標本が不要に大きくなりすぎる可能性があります。

　つまり，ある一定規模の標本が得られれば，信頼区間の幅が十分に狭くなる可能性があり，この点で，あまりにも数多くの回答を集めることは経費の無駄かもしれません。図書館評価のための測定には，精密な自然科学で必要とされるような統計的精度はおそらく必要ないと考えられます。この精度の点から考えると，もし3日間程度の調査で十分な回答数が見込めるならば，1週間もの調査は必要ないわけです。ただし，平日と休日とを織り交ぜるなどの，「偏りのない」標本

とする工夫は必須です。

筆者らの以前の調査[1]では，5段階評価（1〜5点）での利用者満足度の標本分散の最大値は1.53でした（「開館時間」に対する1,604人の回答結果）。この標本分散を母分散と同一視して，さまざまな標本サイズでの95%の信頼区間を構成してみると，図3のようになります（標本平均は3.83）。図3は，標本サイズ3,200で信頼区間の幅が0.1より小さくなっていることを示しています。1〜5点の5段階評価における0.1の差が，全回答者のわずか10%が1段階ずつ評価を変えたときの変化に相当することを考えれば，3,200での精度はかなり高く，1,600や800程度でも，図3の場合，十分な信頼区間といえるでしょう。もちろん，図3は「標本分散1.53」を仮定した結果にすぎません。状況に応じて，必要な標本サイズを慎重に考えることが重要です（もちろん，この種の判断が難しい場合には，あまりにも回答数が過多にならなければ，とりあえず，休館日を除く1週間の調査とすることが妥当でしょう）。

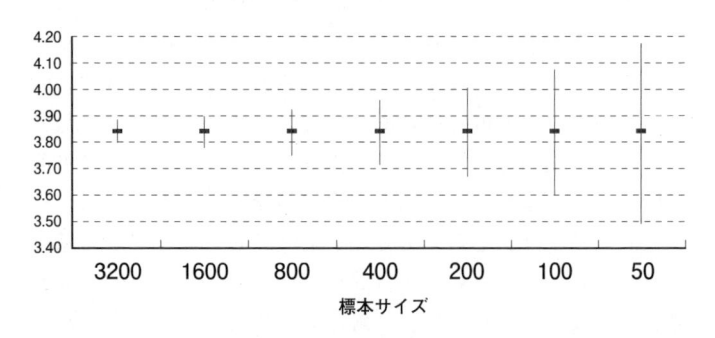

図3　標準サイズごとの95%信頼区間（岸田ら[1]の図3の再掲）

なお，図書館にある程度満足している人が足を運ぶわけですから，来館者調査で測定された満足度は，多くの場合，過大評価となることに注意する必要があります。例えば，筆者らの来館者調査においては，同時期に住民調査を並行して試みましたが，それらの満足度の標本平均を比較したところ，最大で 0.46 の差がありました（来館者調査の過大評価）[1]。

11. 数学的補足

　以上説明したことを数式を使って再度述べておきます。また，いくつかの細かな補足も追加します。ただし，数学的議論に関心のない読者は読みとばしてもさしつかえありません。

（1）基本的な統計量
　標本に含まれるデータの個数（すなわち標本サイズ）を n，i 番目のデータを x_i で表します（$i=1,2,...,n$）。例えば，**例1-2** ならば，$n=5$ で，
$$x_1=4,\ x_2=3,\ x_3=3,\ x_4=4,\ x_5=2$$
です。この記号を使えば，平均 $\bar{x}$ は，
$$\bar{x}=(x_1+x_2+x_3+x_4+x_5)/5$$
と書けますが，加算を示す $\sum$ 記号と n とを使って一般化すれば，平均は，

$$\bar{x}=\frac{1}{n}\sum_{i=1}^{n}x_i \tag{1}$$

と定義されます。同様に，分散 s^2（または σ^2）は，

$$s^2 = \frac{1}{n}\sum_{i=1}^{n}(x_i - \bar{x})^2 \tag{2}$$

です。ただし，標本分散の場合には，$n-1$ で割ることが多く，

$$s^2 = \frac{1}{n-1}\sum_{i=1}^{n}(x_i - \bar{x})^2 \tag{2'}$$

となります。標準偏差は分散の平方根，すなわち $s = \sqrt{s^2}$ です。

(2) 確率と確率分布

確率変数を x で表記し，その確率を $P(x)$ と書くことにします。ここでは「サイコロを5回投げて，そのうち1の目が2回出る確率」を求めてみます（この場合，確率変数は1の目の出る「回数」に相当）。例えば，1の目が出たときを○，それ以外の目が出たときを×で表記すると，5回投げて，

　　　　(1)○　(2)×　(3)○　(4)×　(5)×

の場合に，1の目が2回出たことになります。サイコロを1回投げて1の目の出る確率は $p = 1/6$，それ以外の目が出る確率は $1-p = 5/6$ なので，上記のパターンが生じる確率は，

$$p \times (1-p) \times p \times (1-p) \times (1-p) = p^2(1-p)^3 \tag{3}$$

です（べき乗については p がどのような数であろうと常に $p^0 = 1$ となる点に注意）。さらに，サイコロを投げた回数（**試行数**）を n，1の目の出る回数（**成功数**）を x とすると（すなわち $n = 5$ および $x = 2$），(3)式は $p^x(1-p)^{n-x}$ と表記できます。

1の目が2回出るパターンには，その他，「(1)○　(2)○　(3)×　(4)×　(5)×」などもありますが，このようなパターンは全部で，5個のものの中から2個を抜き出す組み合わせ

の数,すなわち $_5C_2$ だけ存在します。組み合わせの数を求める公式は,

$$_nC_x = \frac{n!}{x!(n-x)!}$$

です。ここで！は階乗で,$n! = n \times (n-1) \times (n-2) \times ... \times 3 \times 2 \times 1$ で定義されます。ただし $0! = 1$ と約束しておきます。したがって,

$$_5C_2 = \frac{5!}{2!(5-2)!} = \frac{5 \times 4 \times 3 \times 2 \times 1}{(2 \times 1) \times (3 \times 2 \times 1)} = 10$$

であり,生起確率 $p^2(1-p)^3$ のパターンが合計 10 個あることがわかります。そこで,1 の目が 2 回出る確率は $10 \times p^2(1-p)^3 = 10 \times (1/6)^2 \times (5/6)^3$ となるわけです。記号を戻して一般化すれば,

$$P(x) = {_nC_x} p^x (1-p)^{n-x}, \quad x = 0, 1, ..., n \tag{4}$$

です。(4)式を 2 項分布と呼びます。上記の説明から明らかなように,この確率分布は,単独での試行の成功確率が p の場合に,n 回の独立試行のうち x 回成功する確率を表しています。

2 項分布は離散確率分布の代表例ですが,連続確率分布の代表例は正規分布です。連続確率分布の場合,確率密度関数 $f(x)$ を積分することによって確率を求めます。すなわち,

$$P(x > a) = \int_a^\infty f(x) dx \tag{5}$$

です。この積分は,曲線 $f(x)$ と x 軸とで囲まれた領域の面積を求めることに相当しています。正規分布の確率密度関数は,

$$f(x) = \frac{1}{\sqrt{2\pi}\sigma} e^{-\frac{(x-\mu)^2}{2\sigma^2}} \tag{6}$$

です．ここで，μ と σ はパラメータ，e は自然対数の底，π は円周率です．パラメータ μ はこの分布の平均，σ は標準偏差に相当します．なお，この分布は釣鐘型の左右対称形であり（中心は μ），

$$P(x < \mu - a) = \int_{-\infty}^{\mu-a} f(x)dx = \int_{\mu+a}^{\infty} f(x)dx = P(x > \mu + a) \tag{7}$$

が成立します．すなわち，**図1**の右側の棄却域が $P(x > \mu + a)$，左側の棄却域が $P(x < \mu - a)$ に相当し（ただし**図1**では $\mu = 0$，$a = 1.96$），これらの面積（確率）は等しいわけです．

なお，$\mu = 0$，$\sigma = 1$ の場合，すなわち，

$$f(z) = \frac{1}{\sqrt{2\pi}} e^{-\frac{z^2}{2}} \tag{8}$$

を標準正規分布と呼びます．通常の正規分布 $f(x)$ を標準正規分布 $f(z)$ に変換するには，$f(x)$ のパラメータ μ と σ を使って，

$$z = \frac{x - \mu}{\sigma} \tag{9}$$

と計算します．統計学の教科書には，**標準正規分布表**が掲載されていることが多く，複雑な積分を計算しなくても，標準正規分布での確率が求められるようになっています．この表を実際に活用するには，通常の正規分布 $f(x)$ を (9) 式で変換すればよいことになります．

表6　母集団と標本における統計量

	母集団	標本
大きさ	N	n
平均	μ	$\bar{x}$
分散（標準偏差）	$\sigma^2\ (\sigma)$	$s^2\ (s)$

(3) 信頼区間の推定

母集団の大きさを N と書きます。$N=\infty$ ならば**無限母集団**であり，そうでなければ**有限母集団**です。母集団と標本の統計量を**表6**のように区別しておきます。なお，母分散 σ^2 の計算には(2)式を用い，標本分散 s^2 には(2)'式を使うものとします。

1つの母集団からは数多くの標本を抽出することができますが，それぞれの標本ごとに標本平均 $\bar{x}$ を計算すれば数多くの標本平均が得られるので，$\bar{x}$ 自体を変数として考えることが可能です。その平均 $\mu_{\bar{x}}$ と標準偏差 $\sigma_{\bar{x}}$ は，それぞれ，

$$\mu_{\bar{x}} = \mu \tag{10}$$

$$\sigma_{\bar{x}} = \sqrt{\frac{N-n}{N-1}} \times \frac{\sigma}{\sqrt{n}} \tag{11}$$

となります。(11)式中の $(N-n)/(N-1)$ は**有限母集団修正**と呼ばれ，母集団が大きくなれば1に近づいて無視できます。したがって，これ以降，有限母集団修正を省略し，

$$\sigma_{\bar{x}} = \frac{\sigma}{\sqrt{n}} \tag{12}$$

とします。$\sigma_{\bar{x}}$が，標本平均についての標準誤差です。

さらに，中心極限定理より，nが十分に大きければ，変数$\bar{x}$の分布は平均$\mu_{\bar{x}}=\mu$，標準偏差$\sigma_{\bar{x}}=\sigma/\sqrt{n}$の正規分布で近似できます。そこで，(9)式を使って，この正規分布を標準正規分布に変換すると，

$$z = \frac{\bar{x}-\mu}{\sigma/\sqrt{n}} \tag{13}$$

となります。標準正規分布表を参照すると，

$$P(-1.96 < z < 1.96) = 0.95 \tag{14}$$

であり，(13)式を(14)式に代入すると，

$$P(-1.96 < \frac{\bar{x}-\mu}{\sigma/\sqrt{n}} < 1.96) = 0.95 \tag{15}$$

なので，これを変形・整理して，最終的に，

$$P(\bar{x}-1.96\frac{\sigma}{\sqrt{n}} < \mu < \bar{x}+1.96\frac{\sigma}{\sqrt{n}}) = 0.95 \tag{16}$$

となります。(16)式は，標本平均の周りに$1.96\times\sigma/\sqrt{n}$をとって区間を構成すると，その区間内に母平均$\mu$が入っている確率が0.95であることを意味しています。(16)式を母平均に対する95%の信頼区間と呼びます。

また，標準正規分布表より，おおよそ，

$$P(-2.58 < z < 2.58) = 0.99 \tag{17}$$

なので，(16)式中の1.96を2.58に置き換えれば，母平均に対する99%の信頼区間となります。

ところで，(16)式中のσは未知です。大標本法では，このσを単純にsに置き換えるので，95%の信頼区間は，

$$\bar{x} \pm 1.96\frac{s}{\sqrt{n}} \tag{18}$$

で計算することになります。もしこの s を σ の推定量としてとらえるならば(すなわち，$\hat{\sigma} = s$, 「 $\hat{}$ 」は推定量であることを意味します)，標準正規分布表から導いた「1.96」は使えず，自由度 $n-1$ の t 分布に基づいてこの数値を決めることになります。

なお，x が通常の量ではなく，割合(例：住民のうち，「満足」「やや満足」と回答する人の割合)である場合，母集団での割合 p に対する 95% の信頼区間は，試行数 1 の 2 項分布の分散が $p(1-p)$ であることから，標本での割合を p' として，

$$p' \pm 1.96 \sqrt{\frac{p'(1-p')}{n}} \tag{19}$$

で計算できます。

(4) 仮説検定

例えば，利用者満足度に関する帰無仮説を「母平均が 4.0」とします。帰無仮説を H_0，それに対する**対立仮説**を H_1 と表記すれば，「$H_0: \mu = 4.0, H_1: \mu \neq 4.0$」です。$H_0$ の下で，実際のデータでの標本平均が得られる確率は，(13)式をそのまま使えば，標準正規分布表から求めることが可能です。ただし，σ は未知なので，大標本法により，s で置き換えて，

$$z = \frac{\bar{x} - \mu}{s / \sqrt{n}} \tag{20}$$

で計算します。(20)式中の n はあらかじめ決まっており，$\bar{x}$ と s は標本から求めます。あと，μ には H_0 で指定された値を代入します。最終的には標準正規分布表を使わずとも，このようにして計算された z の値が $|z| > 1.96$ ならば有意水準 5% で仮説を棄却し，$|z| > 2.58$ ならば有意水準 1% で棄却すれ

ばよいわけです(両側検定)。以上を**平均値の検定**と呼びます。割合の場合には、「$H_0: p = p_0$」とし、$z = (p' - p_0)/\sqrt{p_0(1-p_0)/n}$ を (20) 式の代わりに計算します (p'は標本での割合)。

平均値の差の検定の場合には、母平均を μ_A, μ_B, 標本平均を $\bar{x}_A$, $\bar{x}_B$, 標本分散を s_A^2, s_B^2, 標本サイズを n_A, n_B, のように添字 A, B をつけて区別します。帰無仮説は「$H_0: \mu_A - \mu_B = 0$」です。標本平均の差 $\bar{x}_A - \bar{x}_B$ は、H_0 の下で、平均 0, 標準偏差 $\sqrt{s_A^2/n_A + s_B^2/n_B}$ の正規分布に従うので（大標本法），

$$z = \frac{\bar{x}_A - \bar{x}_B}{\sqrt{s_A^2/n_A + s_B^2/n_B}} \tag{21}$$

を計算して、$|z|$ を 1.96, 2.58 と比較すればよいことになります。

また、$k \times m$ の分割表における独立性の検定は以下のようになります。分割表における第 i 行第 j 列のセルにおける度数を n_{ij}, 第 i 行の合計を $n_{i.}$, 第 j 列の合計を $n_{.j}$, すべての度数の合計を n と表記します。「2 つの変数は独立」という仮定の下での各セルの度数の期待値 E_{ij} を $E_{ij} = (n_{i.} \times n_{.j})/n$ で求めたのち、期待値と実測値との乖離度 $(n_{ij} - E_{ij})^2/E_{ij}$ を、全セルについて合計します。すなわち、

$$g = \sum_{i=1}^{k} \sum_{j=1}^{m} (n_{ij} - E_{ij})^2 / E_{ij} \tag{22}$$

ですが、この統計量 g は自由度 $(k-1) \times (m-1)$ のカイ 2 乗分布に従って近似的に分布するので、その棄却域に落ちれば、仮説「2 つの変数は独立」を棄却することになります。

(5) 相関分析と回帰分析

2つの変量 $x_1,...,x_n$ と $y_1,...,y_n$ との相関係数 r は

$$r = \frac{\sum_{i=1}^{n}(x_i-\bar{x})(y_i-\bar{y})}{\sqrt{\sum_{i=1}^{n}(x_i-\bar{x})^2}\sqrt{\sum_{i=1}^{n}(y_i-\bar{y})^2}}$$

$$= \frac{\frac{1}{n}\sum_{i=1}^{n}(x_i-\bar{x})(y_i-\bar{y})}{\sqrt{\frac{1}{n}\sum_{i=1}^{n}(x_i-\bar{x})^2}\sqrt{\frac{1}{n}\sum_{i=1}^{n}(y_i-\bar{y})^2}} \tag{23}$$

で計算します。この式の最右辺の分子は**共分散**と呼ばれます。したがって,相関係数は「(xとyとの共分散)÷(xの標準偏差×yの標準偏差)」で求めるわけです。

なお,変数 x から変数 y の値を予測するためのモデル

$$y_i = a + bx_i + e_i, \quad i=1,...,n \tag{24}$$

を**回帰モデル**といいます。ここで,a と b は**回帰係数**であり,**最小2乗法**を使えば,データから,

$$\hat{a} = \bar{y} - \hat{b}\bar{x}, \quad \hat{b} = \sum_{i=1}^{n}(x_i-\bar{x})(y_i-\bar{y}) \bigg/ \sum_{i=1}^{n}(x_i-\bar{x})^2$$

で推定できます。これらを求めておけば,任意の x に対して $\hat{y}=\hat{a}+\hat{b}x$ によって y の値を予測できることになります。なお,(24)式中の e_i は誤差項で,予測式中には出てきません。

このとき x を**独立変数**(**説明変数**),y を**従属変数**(**基準変数**)と呼びます。x と y との「相関係数の2乗」が**決定係数**であり,回帰モデルの説明力を示すのに用いられています。

なお，(24)式は独立変数が1つのみですが，複数の独立変数を設定することが可能で，この場合には**重回帰モデル**と呼ばれます。

12. MS Excelによる集計

評価のためのデータを分析するには，表計算ソフトや統計ソフトなどを活用します。ここでは，表計算ソフトとして普及している Microsoft Excel について簡単に説明しておきます。

	A	B	C
1	No.	属性	満足度
2	1	主婦	4
3	2	主婦	3
4	3	会社員	4
5	4	会社員	3
6	5	主婦	2

図4　Excel の例 (1)

ある項目の満足度について**図4**のように入力したとします。満足度の平均や標準偏差を求めるには，メニュー「ツール」から「分析ツール」→「基本統計量」と選択します（「分析ツール」が表示されないときには，「ツール」から「アドイン」を選択して，組み込む必要があります）。「基本統計量」のダイアログボックスで，データの範囲を指定し，「基本情報」をチェックして実行すると，**図5**のような結果を得ることができます。平均や標準偏差（データの個数から1を引いた

数で割ったもの），標準誤差などが自動的に計算されます。「分析ツール」を使えば，このほか，仮説検定や相関係数の計算などを実行することができます。

満足度	
平均	3.2
標準誤差	0.374166
中央値（メジアン）	3
最頻値（モード）	4
標準偏差	0.83666
分散	0.7
尖度	−0.61224
歪度	−0.51224
範囲	2
最小	2
最大	4
合計	16
標本数	5

図5 Excel の例 (2)

一方，クロス集計表を作成するには，メニュー「データ」から「ピボットテーブル...」を選択します（詳細は Excel のヘルプ等を参照）。**図6**は満足度に関する度数分布，**図7**は属性別の満足度の平均です。ともにピボットテーブルで作成しています。

データの個数 / No.	属性 ▼		
満足度 ▼	会社員	主婦	総計
2		1	1
3	1	1	2
4	1	1	2
総計	2	3	5

図6　Excelの例(3)

平均 / 満足度	
属性 ▼	集計
会社員	3.5
主婦	3
総計	3.2

図7　Excelの例(4)

　また，Excelを使うとさまざまなグラフを作成することが可能です。例えば，上で説明した相関図を描くには，「グラフウィザード」で「散布図」を選択すればよいわけです。

引用文献
1)　岸田和明，小池信彦，阿部峰雄，井上勝，植田佳宏，下川和彦，早川光彦．来館者調査についての方法論的検討：利用者満足度に関する実証分析を通じて．現代の図書館，Vol.43, No.1, 2005, p.34-50.

参考資料－図書館評価指標の事例

1. 茨城県立図書館

　茨城県立図書館は平成 14（2002）年度から図書館評価の指標および数値目標について検討し，2003 年 8 月に 83 項目（平成 15 年度は 81 項目，他の 2 項目は 16 年度からの評価）の指標を策定しました。

　指標の内容は次のとおりです。

I　利用者に関する指標（18 項目）
　個人貸出
　　1　入館者数
　　2　貸出点数
　　　(1)　全体
　　　(2)　一般図書
　　　(3)　児童図書
　　　(4)　視聴覚資料
　　3　登録者数
　　4　登録者の分布
　　　(1)　水戸市内在住者の割合
　　　(2)　他の市町村在住者の割合
　　5　予約資料点数
　　6　遠隔地利用者返却システムによる返却点数
　　7　サービス指標（資料購入単価×貸出点数÷図書館費）
　　8　資料回転率（貸出点数÷所蔵資料点数）
　　　(1)　全体
　　　(2)　一般図書
　　　(3)　児童図書

        (4) 視聴覚資料
    9 延滞者数（180日以上の延滞者数）
  団体貸出
    1 貸出文庫用図書の貸出点数
    2 読書会用図書の貸出点数
Ⅱ **相互貸借に関する指標**（4項目）
    1 貸出点数
    2 協力車運行回数
    3 申し込みに対する貸出率
    4 ネットワーク参加館数
Ⅲ **レファレンスに関する指標**（3項目）
    1 レファレンス件数
    2 レファレンス回答率（所蔵調査を除く）
    3 レファレンスデータベース入力件数
Ⅳ **資料に関する指標**（25項目）
    1 購入資料単価
        (1) 全体
            ア 個人貸出用一般図書（ベストセラーを除く）
            イ 個人貸出用児童図書（ベストセラーを除く）
            ウ 団体貸出用資料
            エ 視聴覚資料
        (2) 市町村リクエストで購入した本の単価
    2 全資料数
        (1) 個人貸出用図書数
            ア 一般図書数
                (ア) 当該年度に購入した図書数
                (イ) 当該年度に寄贈された図書数（受入整理冊数）
            イ 児童図書
                (ア) 当該年度に購入した図書数
                (イ) 当該年度に寄贈された図書数（受入整理冊数）
        (2) 団体貸出用図書数
            ア 一般図書数

        （ア）当該年度に購入した図書数
      イ　児童図書数
        （ア）当該年度に購入した図書数
    (3)　視聴覚資料数
      （ア）当該年度に購入した図書数
      （イ）当該年度に寄贈された図書数（受入整理冊数）
  3　年間発行点数に対する購入点数の割合（年間購入点数÷年間発行点数）
    (1)　個人貸出用一般図書
    (2)　個人貸出用児童図書
  4　年間修理資料冊数
Ⅴ　郷土資料に関する指標（6項目）
  1　蔵書数
    (1)　当該年度に購入した図書数
    (2)　当該年度に寄贈された図書数（受入整理冊数）
  2　レファレンス件数
  3　レファレンス回答率
  4　レファレンスデータベース入力件数
Ⅵ　普及事業に関する指標（5項目）
  1　事業数
  2　視聴覚ホールを使った事業に関する指標
    (1)　事業数
    (2)　参加人数
  3　視聴覚ホール，ギャラリーの催しの新鮮度（新規の共催事業÷全共催事業）
    (1)　視聴覚ホール
    (2)　ギャラリー
Ⅶ　情報発信に関する指標（4項目）
  1　ホームページのページ数
  2　ホームページのアクセス件数
  3　総合目録ネットワークアクセス件数
  4　報道機関への情報提供件数

Ⅷ **障害者サービス・外国人サービスに関する指標**（8項目）
1 手話による案内ができる職員数（手話講習受講経験者数）
2 外国語による案内ができる職員数（英検2級相当以上）
3 大活字本の所蔵数
4 大活字本の貸出冊数
5 外国語資料の所蔵数
6 外国語資料の貸出冊数
7 対面朗読利用件数
8 録音図書作成点数

Ⅸ **職員・予算に関する指標**（7項目）
1 職員数
2 有資格者率
3 多忙度
4 予算
(1) 総予算（単位　千円）
(2) 資料購入費（単位　千円）
5 研修の実施回数（職場研修・協会による研修）

Ⅹ **図書館満足度指数**（3項目）
1 個人を対象とした満足度調査
2 市町村立図書館を対象とした信頼度調査
3 企業・団体を対象とした周知度調査

　茨城県立図書館では，図書館評価（目標）指標一覧をホームページで公開しています。平成18年度実績についてのまとめの事例を，次ページに掲げます。全体をご覧になりたい場合は，下記にアクセスしてください。

http://www.lib.pref.ibaraki.jp/home/news/moyoosimono/hyouka/2006/sihyou.pdf

※茨城県立図書館では，この指標は平成18年度までの指標と位置づけており，2007年8月末現在，新指標を策定中です。

茨城県立図書館の図書館評価指標一覧

項目	積算の基礎	区分	現状 13年度	14年度	15年度	目 標 値 16年度	17年度	18年度	備考
I 利用者に関する指標 個人貸出									
1 入館者数		現状及び目標値A	820,337	891,727	925,000	940,000	955,000	970,000	
		各年度実績B	820,337	891,727	906,935	873,736	814,635	727,517	
		対目標達成率(B/A) C	100.0	100.0	98.0	93.0	85.3	75.0	
		対13年度(100)指数D	100.0	108.7	110.5	106.5	99.3	88.7	
2 貸出点数									
(1) 全体		現状及び目標値A	679,178	795,438	850,000	880,000	910,000	930,000	
		各年度実績B	679,178	795,438	867,433	882,322	875,369	848,737	
		対目標達成率(B/A) C	100.0	100.0	102.1	100.3	96.2	91.3	
		対13年度(100)指数D	100.0	117.1	127.7	129.9	128.9	125.0	
(2) 一般図書		現状及び目標値A	319,773	363,273	400,000	420,000	440,000	450,000	
		各年度実績B	319,773	363,273	406,153	419,128	418,881	392,752	
		対目標達成率(B/A) C	100.0	100.0	101.5	99.8	95.2	87.3	
		対13年度(100)指数D	100.0	113.6	127.0	131.1	131.0	122.8	
(3) 児童図書		現状及び目標値A	168,840	222,545	235,000	240,000	245,000	250,000	
		各年度実績B	168,840	222,545	241,575	244,636	248,149	227,130	
		対目標達成率(B/A) C	100.0	100.0	102.8	101.9	101.3	90.9	
		対13年度(100)指数D	100.0	131.8	143.1	144.9	147.0	134.5	
(4) 視聴覚資料		現状及び目標値A	190,565	209,620	215,000	220,000	225,000	230,000	
		各年度実績B	190,565	209,620	219,705	218,558	208,339	228,855	
		対目標達成率(B/A) C	100.0	100.0	102.2	99.3	92.6	99.5	
		対13年度(100)指数D	100.0	110.0	115.3	114.7	109.3	120.1	

2. 横浜市立図書館

　横浜市立図書館では，平成17（2005）年度から毎年度「横浜市立図書館の目標」を策定・公表し，翌年度にその目標に対する「達成状況」の報告を公表するという形で，図書館サービスの評価を行っています。評価は「A（優れた取組が多く，十分成果が上がっている）」から「E（成果がほとんど上がっておらず，抜本的な見直しが必要である）」までの5段階評価として，毎年度末現在での各目標の達成状況について自己評価を行い，その結果を図書館ホームページおよび『横浜市の図書館（横浜市立図書館年報）』で公表しています。

　横浜市役所では，毎年度「都市経営の基本方針」を策定しており，この方針に基づき，各局区・事業本部が「運営方針」を策定しています。「横浜市立図書館の目標」は，「横浜市教育委員会運営方針」に基づいて策定しており，全庁的に進められている「目標による事業管理」の一環として取り組んでいるものです。したがって，公表している「目標」および対象とする事業については，毎年度見直しを行っています。

　また，平成18（2006）年度には，「公立図書館の設置及び運営上の望ましい基準」において求められている「図書館サービスの数値目標」を設定し，その達成状況を公表するという形で数値指標による評価を試行しました。指標の選定および数値目標の設定にあたっては，図書館サービスの結果および成果について広く市民に周知するという視点から，横浜市立図書館における代表的なサービスを選定しています。

I　平成18年度横浜市立図書館の目標
　目標1　利用者にとって，より便利で快適な図書館を目指します
　・身近な公共施設での図書の貸出・返却の試行
　・利用者アンケートの実施
　・利用環境の改善
　・公共情報端末の設置の試行

- 安全で快適な環境づくり
- 収集基準の公開

目標2　市民の調査研究を支援するとともに，図書館からの情報発信に努めます
- 図書館ホームページの充実
- 企画事業の実施
- 外国人市民へのサービスの向上
- ビジネス支援の強化
- 市民の調査研究への支援
- 行政への支援
- 課題解決に役立つ情報の提供
- 横浜関連資料の収集・保存・活用
- 開港150周年事業に向けた取組み

目標3　学校など図書館以外の機関・団体との連携・支援に努め，子どもの読書活動の推進を図ります
- 子どもの読書活動の推進
- ボランティアの養成・支援，市民との協働
- 学校教育への支援
- 家庭教育への支援
- 保育園・幼稚園への支援

目標4　図書館スタッフのレベルアップを行うとともに，これからの図書館を視野においた取り組みを進めます
- 「横浜市立図書館のあり方懇談会」の設置
- 窓口対応の向上
- 職員の資質の向上
- 効率的な図書館運営と財源確保

II　平成18年度図書館サービスの数値目標
1. 入館者数
2. 個人への資料貸出数
3. 利用者満足度
4. レファレンス回答件数

5　Eメールレファレンス回答件数
6　ホームページアクセス件数（蔵書検索を除く）
7　ホームページ蔵書検索数
8　職業体験受入れ生徒数
9　児童・生徒の図書館見学者数
10　お話会・展示会など自主企画事業数

・平成 18 年度横浜市立図書館の目標達成状況の報告（平成 19 年 3 月末日現在）
　http://www.city.yokohama.jp/me/kyoiku/library/mokuhyou06.html
・平成 19 年度横浜市立図書館の目標
　http://www.city.yokohama.jp/me/kyoiku/library/mokuhyou07.html
・平成 18 年度図書館サービスの数値目標
　http://www.city.yokohama.jp/me/kyoiku/library/mokuhyousuti06.html

（桑原芳哉：横浜市中央図書館）

平成18年度 横浜市立図書館の目標
達成状況の報告（平成19年3月末日現在）

この「目標」は、平成18年度教育委員会運営方針に基づき、中央図書館と17の地域図書館が進める事業の内容と取組姿勢について取りまとめたものです。

平成18年度教育委員会運営方針
（図書館関連　粋）

方針6　地域や家庭教育との連携・協働を図ります。
★図書館サービスの充実

図書館の基本目標
市民の課題解決や暮らしに役立つ情報を提供し、積極的な図書館サービスを展開します。

■ 評価については、次の基準に照らし、内部で評価しました。

▎取組の評価

段階	内容
A	優れた取組が多く、十分成果が上がっている
B	優れた取組がいくつかあり、成果が上がっている
C	一定の成果は上がっているが、課題もあり、更なる取組によって上位を目指すことが必要である
D	成果が十分に上がっておらず、改善の余地が多く、更なる改善が必要である
E	成果がほとんど上がっておらず、抜本的な見直しが必要である

目標1
利用者にとって、より便利で快適な図書館を目指します

（　）の見方→（達成時期、実施する図書館）

▎身近な公共施設での図書の貸出・返却の試行

評　価　　C

・区役所と連携し、試行実施している行政サービスコーナーや地区センターなどでの図書取次ぎサービスについて、事業を検証します。(12月、中央図書館)

【実施事業】
■ 青葉区・市が尾駅、青葉台駅、たまプラーザ駅に返却ポストを設置（本の返却）
■ 青葉区・奈良地区センター(1箇所)、旭区・戸塚区の行政サービスコーナー(各1箇所)で本の取次ぎ

【達成状況】
関係区と連携・調整のうえ、順調に事業を実施することができました。開始以来、利用者からは好評を得ており、図書サービスの向上に寄与していますが、図書搬送等の維持経費が掛かるため、引き続き次年度も費用対効果などを検証します。
【2月利用実績(一日平均)】
■青葉区内の返却ポスト・市が尾駅(107冊)、青葉台駅(180冊)、たまプラーザ駅(120冊)
■青葉区・奈良地区センター(貸出利用者19人、貸出34冊、返却42冊)、旭区・二俣川駅行政サービスコーナー(貸出利用者115人、貸出190冊、返却177冊)、戸塚区・東戸塚駅行政サービスコーナー(貸出利用者128人、貸出210冊、返却242冊)

利用者アンケートの実施

評　価　　B

・来館者を対象としたアンケートを行い、利用者のニーズの把握に努めます。また、その結果を公表します。(9月、全部の図書館)

【達成状況】
5月に全図書館でアンケート調査を行い、3,884人から回答をいただきました。
集計結果は、10月に各図書館及び図書館ホームページで公開しました。結果については活用していきます。

利用環境の改善

評　価　　C

1. 障害のある方のための「コミュニケーション支援ボード」を作成し、利用のバリアフリー化に努めます。(12月、中央図書館)
2. 多言語での利用案内・館内案内を作成します。(12月、中央図書館)

(注)コミュニケーション支援ボード：自分の言いたいことを相手に伝えるためのボードで、簡単なことばやイラストが描かれているもの。

【達成状況】
1. 平成19年7月中に各図書館の窓口に備える予定です。
   本年度は、多言語利用案内の発行、簡易筆談器の使用、補助犬シールの表示を行いました。
2. 英語・ハングル・中国語〔簡体字/繁体字〕・スペイン語・ポルトガル語・ベトナム語の利用案内を作成し、3月から各図書館で配布しています。

公共情報端末の設置の試行

評　価　　B

・地域図書館で、利用者が自由にインターネット情報を閲覧できる公共情報端末を設置します。(12月、地域図書館5館)

【達成状況】
平成19年1月に旭、金沢、栄、都筑、緑の各地域図書館にインターネット端末を設置しました。

安全で快適な環境づくり

評　価　　B

1. ISO14001の取組を進めます。(通年、全部の図書館)
2. 利用者のマナーが向上するように働きかけを行います。(通年、全部の図書館)
3. 中央図書館におけるESCO事業の実施を検討します。(12月、中央図書館)
4. 戸塚図書館の耐震工事等を進めます。(12月から実施、戸塚図書館)

主な参考文献

　図書館の評価に関する文献は多くありますが，ここでは実際に評価を行うにあたって参考になると考えられる単行書と図書館パフォーマンス指標を紹介します。

日本図書館情報学会研究委員会編．図書館の経営評価．東京，勉誠出版，2003，167p.
○図書館評価の解説書としては，最もまとまったものです。しかし，研究者が中心となって書いているため，理論面に偏っている傾向があります。

山本恒夫ほか編．生涯学習「自己点検・評価」ハンドブック：行政機関・施設における評価技法の開発と展開．東京，文憲堂，2004，249p.
○実践的でわかりやすいのですが，図書館だけではなく生涯学習施設全般を対象としています。『図書館の経営評価』と合わせて読むことをお薦めします。

森耕一編．図書館サービスの測定と評価．東京，日本図書館協会，1985，301p.
○公共図書館が貸出を主眼としていた時代の著作です。内容は，過去に行われた図書館に関する調査の結果が中心で，評価に関する項目は十分ではありません。

ランカスター. 図書館サービスの評価. 中村倫子ほか訳. 東京, 丸善, 1991, 228p.
○図書館サービスに関する評価の古典的な著作です。欧米で, どのように評価が行われてきたかを概観できます。

Hernon, Peter; Whitman, John R. 図書館の評価を高める：顧客満足とサービス評価. 永田治樹訳. 東京, 丸善, 2002, 225p.
○図書館を経営的な視点で見たものです。「顧客満足」の測定について詳しく書かれています。

Hernon, Peter; Dugan, E. Robert. 図書館の価値を高める：成果評価への行動計画. 永田治樹ほか訳. 東京, 丸善, 2005, 268p.
○『図書館の評価を高める』と同じ Peter Hernon の著作です。「アウトカム」を測定するための方法が書かれています。

図書館パフォーマンス指標（JIS X 0812）
○1998 年に制定された ISO 11620 は, 同年翻訳され, ほぼ同じ内容が 2002 年に日本工業規格 JIS X 0812 となりました。ISO 11620 の翻訳は,『現代の図書館』36 巻 3 号（1998 年）に掲載されています。

事項索引

* 本文中の事項を数字・アルファベット順,五十音順に分けて配列しました。
* 参照は「→」(を見よ)で表示しました。

■数字・アルファベット順

2項分布 …………………………… 89
ISO 11620 …………… 24,44,110,111,112
ISO 2789 …………………………… 112
JIS X 0812 ………………………… 24,110
JIS X 0814 ………………………… 112
New Public Management ……………… 6
NPM ………………………………… 6
SPSS ……………………………… 57
t分布 ……………………………… 94
χ^2分布 ………………………… 105

■五十音順

【あ行】

アウトカム(成果)…3,4,12,21,22,23,40,
　41,47,55,56,57,66,67,68,69
アウトカム指標 ………………… 12,13
アウトカムの測定 ………4,21,22,40,47
アウトプット(結果)…… 3,4,12,19,20,21,
　23
アウトプット指標 ……………… 12,13
アウトプットの指標 ……………… 20
アカウンタビリティ　→説明責任
インプット(投入)……3,4,12,17,19,23,24
インプット指標 ………………… 12,19
インプットの指標 ……………… 19,20
運営改善 …………………………… 25

【か行】

回帰係数 …………………………… 123
回帰分析 ……………………… 106,123
回帰モデル ………………………… 123
カイ2乗分布 ………………… 105,122
外部評価 …………………………… 6
確率 …………………………… 87,88,116
確率比例抽出法 …………………… 107
確率分布 ……………………… 87,88,89,116
確率変数 …………………………… 88
仮説検定 ………………… 96,121,125
片側検定 …………………………… 98
神奈川県立図書館 ………………… 27
間隔尺度 …………………………… 81
棄却域 ……………………………… 98
記述統計学 ………………………… 82

基準変数 …………………………… 123
期待値 ……………………………… 105
帰無仮説 ………………………… 96,97
行政評価 …………7,9,10,11,12,13,14
業務統計 ……………………… 7,110
区間推定 ………………………… 93,95
クラスタ →集落
クラスタ分析 ……………… 58,59,106
クロス集計表 ………………… 101,125
系統抽出法 ……………………… 106
結果 →アウトプット
決定係数 …………………………… 123
検出力 ……………………………… 100
公立図書館の設置及び運営上の
 望ましい基準（望ましい基準）
 …………………………6,10,13,14,27

【さ行】
サービス計画 97 →座間市立図
 書館サービス計画
最小 2 乗法 ……………………… 123
座間市立図書館 ……………………32
座間市立図書館サービス計画
 （サービス計画 97）…………33,34,36
事業評価 ………………………8,14,21
自己評価 ……6,8,9,10,13,14,15,27,28,
 29,31,37,40
施策評価 ……………………………… 11
実態調査 ……………………………7,14
質問紙 …………………………22,80,108
事務事業評価 …………………10,11,12

重回帰モデル …………………… 124
従属変数 …………………………… 123
自由度 ………………………………94
集落（クラスタ）…………………… 107
順序尺度 ……………………… 81,104
信頼区間の推定 ………82,92,94,119
信頼度 ………………………………91
推測統計学 …………………………82
数値目標 ……………… 6,13,15,27,28,36
成果 →アウトカム
正規分布 ……………………………89
政策評価 ………………………… 10,11
正の相関 ………………………… 102
説明責任（アカウンタビリティ）
 …………………………… 8,9,11,17,25
説明変数 …………………………… 123
全数調査 ……………………………82
相関関係 ………………………… 103
相関係数 ………………………… 103
相関図 …………………………… 102
相関分布 ………………………… 123
蔵書回転率 ………… 102,103,110,111
相対度数分布 ………………………86
層別抽出法 ……………………… 107

【た行】
第 1 種の過誤 ………………………99
第 2 種の過誤 ………………………99
第三者評価 ……………………………6
大標本法 ……………………………94
対立仮説 ………………………… 121

140

多段抽出法 …………………… 107	比尺度 ……………………………81
多変量解析法 ………………… 106	非標本誤差 …………………… 107
単純無作為抽出 ………………… 89	評価の目的 ……………………8,9
中央値（メジアン）…………… 85	標準誤差 ………………………… 91
抽出間隔 ……………………… 106	標準正規分布 …………………… 97
中心極限定理 …………………… 92	標準正規分布表 ………………118
定性的評価 ………………………7	標準偏差 ………………………… 84
定量的評価 ………………………7	表側（ひょうそく）………… 101
点推定 …………………………… 93	表頭（ひょうとう）………… 101
統計調査 …………………………7	標本誤差 ………………………… 91
統計量 …………………………… 84	標本サイズ ……………………… 90
投入　→インプット	標本調査 ………………………… 81
特異値 …………………………… 85	標本分散 ………………………… 84
独立性の検定 ………………… 105	標本平均 ………………………… 83
独立変数 ……………………… 123	標本平均の平均 ………………… 91
図書館サービスモデル ………3	副標本 ………………………… 108
図書館統計 ……………23,25,112	負の相関 ……………………… 102
図書館パフォーマンス指標…23,24,26, 85,110	分割表 ………………………… 104
	分散 ……………………………… 84
図書館評価 ……2,5,10,12,13,19,22,35, 80,88,95,96,100,110,113	平均 ……………………………… 83
	平均値の検定 ………………… 122
図書館満足度調査 ……………… 34	平均値の差の検定 ……………… 96
度数分布 ………………………… 86	ベンチマーキング ………………5
	母集団 …………………………… 81
	母分散 …………………………… 94
	母平均 …………………………… 83

【な行】

2項分布　→2項分布
望ましい基準　→公立図書館の
　設置及び運営上の望ましい基準

【ま行】

マネジメント・サイクル ……………8,9
満足度調査 …… 34,35,36,37,44,46,47 104

【は行】

外れ値 ……………………………85,103

無回答 …………………… 107	有限母集団 ……………………119
無限母集団 ……………………119	有限母集団修正 ……………119
無作為抽出 ………………… 24,110	
無作為標本 …………………… 82	**【ら行】**
名義尺度 ……………………… 81	来館者調査 ….. 30,40,49,80,82,83,84,
メジアン →中央値	108,109,111,112,113,115
文部科学省政策評価実施要領 … 9,18	離散確率分布 ………………… 88
	リッカートスケール …………41,44
【や行】	両側検定 ……………………… 98
大和市立図書館 ………………… 40	利用者調査 ……………… 25,27,35,40
有意水準 ……………………… 97	連続確率分布 ………………… 88

神奈川県図書館協会図書館評価特別委員会
メンバーと本書の執筆分担

(肩書きは『公共図書館における自己評価 – 図書館評価特別委員会報告書』執筆当時のものです。)

委員長　大和市立図書館長　　斎藤　一夫
委　員　神奈川県立図書館　　石原　眞理
　　　　（Ⅰ部1章1.3, 1.5, 3章3.1）
委　員　横浜市中央図書館　　桑原　芳哉
　　　　（Ⅰ部1章1.4）
委　員　相模原市立図書館　　長岡　勉
委　員　大和市立図書館　　　久根口　勇
　　　　（Ⅱ部2章, 3章, 4章4.1）
委　員　横浜国立大学附属図書館　今川　敏男
　　　　　　　　　　　　　　（～平成17年12月）
　　　　　　　　　　　　　　清水　二郎
　　　　　　　　　　　　　　（平成18年1月～）
委　員　文教大学湘南図書館　戸田　あきら
　　　　（Ⅰ部1章1.1, 1.2, 2章, Ⅱ部1章, 4章4.2）

座間市立図書館　葉山　敦美
　　　　（Ⅰ部3章3.2）

慶應義塾大学文学部　岸田　和明
　　　　（Ⅲ部）

視覚障害者その他活字のままではこの本を利用できない人のために，日本図書館協会及び著者に届け出る事を条件に音声訳（録音図書）及び拡大写本，電子図書（パソコンなど利用して読む図書）の製作を認めます。但し，営利を目的とする場合は除きます。

EYE LOVE EYE

◆JLA 図書館実践シリーズ　9

公共図書館の自己評価入門

2007 年 10 月 20 日　　　初版第 1 刷発行 ©

定価：本体 1600 円（税別）

編　者：神奈川県図書館協会図書館評価特別委員会
発行者：社団法人　日本図書館協会
　　　　〒104-0033　東京都中央区新川1-11-14
　　　　Tel 03-3523-0811(代)　Fax 03-3523-0841
デザイン：笠井亞子
印刷所：アベイズム㈱　　Printed in Japan
JLA200725　　ISBN978-4-8204-0719-5
本文の用紙は中性紙を使用しています。

JLA 図書館実践シリーズ　刊行にあたって

　日本図書館協会出版委員会が「図書館員選書」を企画して20年あまりが経過した。図書館学研究の入門と図書館現場での実践の手引きとして，図書館関係者の座右の書を目指して刊行されてきた。

　しかし，新世紀を迎え数年を経た現在，本格的な情報化社会の到来をはじめとして，大きく社会が変化するとともに，図書館に求められるサービスも新たな展開を必要としている。市民の求める新たな要求に対応していくために，従来の枠に納まらない新たな理論構築と，先進的な図書館の実践成果を踏まえた，利用者と図書館員のための出版物が待たれている。

　そこで，新シリーズとして，「JLA図書館実践シリーズ」をスタートさせることとなった。図書館の発展と変化する時代に即応しつつ，図書館をより一層市民のものとしていくためのシリーズ企画であり，図書館にかかわり意欲的に研究，実践を積み重ねている人々の力が出版事業に生かされることを望みたい。

　また，新世紀の図書館学への導入の書として，一般利用者の図書館利用に資する書として，図書館員の仕事の創意や疑問に答えうる書として，図書館にかかわる内外の人々に支持されていくことを切望するものである。

2004 年 7 月 20 日
日本図書館協会出版委員会
委員長　松　島　　茂